チームのことだけ、考えた。

サイボウズ株式会社代表取締役社長
青野慶久

ダイヤモンド社

はじめに——社員が辞めない変な会社

この本は「サイボウズ」という会社について書いたものだ。サイボウズは、1997年に筆者を含む3人で創業した会社で、「グループウェア」という情報共有ソフトを開発している。中小企業から大企業まで業種を問わず広く利用されており、日本ではトップシェアだ。グループウェアを使えば、さまざまな情報を共有し、スピーディに意見交換できるので、楽しく効率的に働けるようになる。

企業向けのソフトウェア開発だから、顧客やパートナーとの信頼関係を大事にする堅い商売だ。しかし、会社としてはやや緩《ゆる》い。たとえば、台風が来ることがわかると、ほとんどの社員は出社してこない。オフィスはがらんと誰もいない状態になる。ただし、社員は休んでいるわけではない。家でパソコンに向かって働いているのだ。仕事のほとんどの情報はグループウェアで共有されているので、どこにいても働ける環境が整っている。雨でびしょ濡れになってまで出社する必要がないと、社員には大変評判がいい。

サイボウズの業績は中途半端だ。まだ若いベンチャー企業であるにもかかわらず、20

08年ごろから4年間で、主力のグループウェア事業の売上はほぼ横ばいで成長しなかった。しかし、その間も社員は増え続け、日本の社員で約400人、海外の社員で約100人、合計500人を超えるまでになった。売上が増えないのに社員が増えているのだから、当然利益は減少し続けている。2013年からはようやく売上が好転しつつあるものの、それでも2014年の売上高は年間60億円程度。1人あたりの売上高は1千万円強にしかならない。

ただ、サイボウズは注目されている。講演や取材の依頼は後を絶たない。2014年、私が受けた講演やメディアの取材は約100回。依頼を受けるのは私だけではない。短時間勤務で働く人事の採用担当が、技術力の高い若手プログラマーが、育児休暇から復帰したママ社員が、副業するベテラン社員が、入社したばかりの新人が、毎日のようにどこかで講演をしたり取材を受けたりしている。私も含め、おしゃべりな社員が多いのが特徴だ。

また、私が育児休暇を取ったことも格好の取材対象だ。2010年に長男が、2011年に次男が生まれ、それぞれ育児休暇を取った。サイボウズはこれでも東証一部上場企業。そのトップが育児休暇を取ることは珍しい。私は「イクメン社長」と呼ばれるようになり、それをいいことに毎日できるだけ早く退社している。「サイボウズのグループウェアを導入すれば、社長が会社にいなくても業務が滞ることはありません」。これが決まり文句だ。

本書を執筆中の2015年には第三子が生まれて、また育児休暇を取った。

こう書くと、サイボウズは「安心して働ける会社」だと思われるかもしれない。しかし現実は違う。グループウェア業界の競争は熾烈だ。Microsoft、IBM、Googleなど、歴史に名を残す偉大な欧米のIT企業と激しい競争をしている。本来サイボウズごときが生き残れる市場ではない。新興ベンチャー企業の参入も多い。しかし、今まで数多くのソフトウェア企業が参入と撤退を繰り返すなか、サイボウズは市場シェアを拡大してきた。

このサイボウズという会社の面白さを理解するには、上場企業が規則に沿って公表する数字だけを見ていてはわからない。売上、利益、資産、それらに特徴はない。むしろ平凡以下である。他の隠れた数字や定性的な情報に面白さがある。

たとえば、離職率。2005年に28％だった離職率は、2013年には4％を切るところまで低下した。引き抜きの激しいこのIT業界では相当低いほうだろう。業績が上がっていないのに人が辞めなくなった。辞めなさ過ぎて気持ちが悪いほどになった。社員が辞めないので、採用コストや教育コストをあまりかけなくてよくなった。

女性社員の割合は約4割。エンジニアの比率が5割を超えるソフトウェア企業としては異例の高さだ。特にプロモーションやサポート部門は女性中心だ。夕方になると、女性社員の笑い声が社内に響く。開発の品質保証部にも女性が多い。経理や人事など事業支援部門にも女性が多く、その部門長で執行役員を務める中根弓佳は子育て中のワーキングマザーだ。この男女比のおかげで不思議なバランス感のある会社になった。

顧客企業の数は累計で6万社を超え、日本ではトップを走っている。特徴的なのは、顧客企業の多様さである。対象となる企業規模もさまざまで、業種は製造からIT、通信、金融、飲食、小売、自治体、学校まで幅広く利用されている。最近は米国や中国の現地企業でも使われ始めた。サイボウズ程度の規模で、こんなに多様な顧客を持つ会社は珍しいだろう。最近は無料で使えるグループウェア・サービス（サイボウズ Live）の提供を始めたので、学生サークルや家族、PTA、マンションの管理組合など、企業以外のグループでも使われ始めた。ある意味、あらゆる組織の情報共有インフラとなりつつある。

株主構成も面白い。大株主の1位、2位は創業者である私と畑慎也（現サイボウズ取締役）。これはベンチャーならよくあるケース。ただし、3位が「社員持株会」である。全社員の約90%が社員持株会に加入し、毎月サイボウズの株式を買い続けている。その結果、社員の持ち株比率は高まり続けている。「株式会社は株主のもの」などとマネー資本主義者は言うが、サイボウズはそのうち社員に買収され、社員のものになりそうだ。

サイボウズはソフトウェア・メーカーだから技術を大事にしている。創業者3人は揃って技術者だった。サイボウズは面白さが目立つため、技術力は注目されにくいが、実は特異とも言える技術レベルのソフトウェアを生み出し続けている。その1つが「cybozu.com」というクラウドサービスだ。

クラウドサービスは、アプリケーションの開発力だけでなく、それを支えるインフラの設計や構築、技術サポートまで、総合的な技術力が問われる総合格闘技のような種目だ。上から下まで一貫して提供できる企業は世界でも数少ない。サイボウズはそれをやり遂げた。そして、その出来栄えは、IT大国アメリカの超大企業のものと比べても遜色《そんしょく》ない。元エンジニアの私が見る限り、グループウェアのクラウドサービスとしては世界最高だと思う。

安定したクラウドサービスを提供するには、日々のオペレーション力が鍵である。「cybozu.com」の稼働率は99・99%を超えている。この品質を維持するには、開発から運用、サポート、プロモーション、製品企画、人事や法務まで、メンバー同士が効率よくチームワークを組まなければならない。サイボウズでは、個性的なメンバーが協調しながらスムーズに活動し、サービスの安定稼働を続けている。今や「cybozu.com」は、有料契約社数が1万社を超え、医療や介護でも使われる重要な社会インフラになった。

また、２０１４年12月にサイボウズは1本の動画、『大丈夫』を公開した。グループウェアの宣伝は一切入れず、単純に日本におけるワーキングマザーの現状をリアルに描いたものだ（http://cybozu.co.jp/company/workstyle/mama/）。公開直後から大きな反響を呼び、１か月で50万回以上再生された。この動画はクチコミで広がり、経営者や学者、そして政治家や芸能人まで巻き込んで、議論の波紋が広がった。サイボウズが行なった問題提起は、日本社会を動かすこともある。

堅いようで緩い。弱いようで強い。果たしてこれからサイボウズはどうなるのか。私は起業から18年間サイボウズを見続けてきたが、今後のことはまったくわからない。しかし、ワクワクしている。次に何をやらかすのか楽しみでしょうがない。世界を席巻するソフトウェア企業になるかもしれない。競合に叩きのめされて消えていくかもしれない。面白過ぎる。どうしてこんな企業が生まれたのか。今までの実験結果を報告するつもりでこの本に記してみたい。

もくじ

チームのことだけ、考えた。

サイボウズはどのようにして「100人100通り」の働き方ができる会社になったか

第2章 共通の理想を探す

第3章 会社のインフラを作る

第6章 多様化の成果

第1章

多様化前のこと

社名は「サイボウズ」。変な響きだから覚えやすいだろう

サイボウズを起業したのは1997年。創業者は3名。初代の社長を務めた高須賀宣《とおる》さん、今もサイボウズのプログラマーであり続ける畑慎也さん、そして私、青野慶久だ。高須賀さんは私が松下電工で働いていたときの先輩であり、畑さんは私の大学の先輩だ。

畑さんは、私と同じ大阪大学工学部情報システム工学科の1つ上の先輩で、学生のころからプログラミングのスキルが高かった。それを見て私は、自分にプログラミングの才能がないことを悟り、コンピュータの会社に入るのをあきらめて、松下電工（現パナソニック）に入社した。畑さんは一太郎やATOKなどのソフトで有名なジャストシステムに入社した。

松下電工に勤めていたときは、大型のサイン機器……たとえば野球場のスコアボードのようなものを販売する営業企画部門に所属した。また、部門内のネットワークを管理する仕事も併せて任されたので、パソコンやメールを全員が使えるようにした。みんながパソコンで図表を作成し、共有できるようになり、Eメールを使えるようになり、働き方が変わっていくのを見るのがうれしかった。

入社2年目の1995年ごろから「ウェブ」という新しいインターネット技術が普及し始め、私はこの技術の虜になった。自分のパソコンでNetscapeというウェブブラウザを立ち上げれば、世界中の情報を閲覧することができた。これは情報共有の革命が起きる。そう確信した。アメリカではすでにインターネット起業ブームが起きていた。Amazonや Yahooなど、爆発的に事業を拡大するインターネット企業が生まれていた。

かっこいい。新しいソフトウェアの時代が来たと確信した。MicrosoftやOracleのような旧来のソフトウェア企業が世界を席巻していたが、インターネット時代の幕開けとともに、また新しい波が来たのだ。プログラミング技術さえあれば、インターネットを使って世界にチャレンジできる。世の中では、ECサイトやホームページの提供などをする企業がたくさん生まれていた。しかし、私たちはこの「ウェブ」の技術を使えば、企業内での情報共有に使えると考えた。なんとかこの技術を使った情報共有ソフト、つまり「グループウェア」を作りたい……と思っているうちに、気付けば松下電工を退社し、3人で会社を作っていた。

社名は「サイボウズ」。サイバーな子供たちという意味の造語だ。変な響きだから覚えやすいだろうと、畑さんがノリと勢いで名付けた。創業地は愛媛県松山市。本当は大阪で起業したかったたが、家賃が高くてあきらめた。私たちにはお金がなかった。そこで発想を転換した。インターネットでソフトを売るのなら、オフィスの場所は都会でなくてもよいだろう。これからは地方でもインターネットの常時接続が当たり前になる。ネットでつながってしまえば、オフィスはどこにあっても関係ない。家賃は安いほうが有利だ。偶然にも高須賀さんと私は愛媛県の出身で、畑さんはジャストシステムにいたから徳島県に在住経験があった。四国だ。愛媛だ。松山だ。私たちは愛媛県松山市の2DKのマンションを家賃7万円で借りて起業した。畑さんはその一室に住み込んだ。

畑さんが製品を開発し、高須賀さんが金の管理や顧客サポートをした。残った私は売る役だ。製品の企画は3人で議論した。意見が割れたら、それぞれの役割の担当範囲に応じて責任を持って決めた。

週6日で給料ゼロ。過労死寸前まで働く

当時の働き方は、今から考えると過激だった。月曜から土曜までが出勤日。朝の出勤時刻は9時過ぎだが、夜は12時を過ぎてから1時、2時と頑張れるところまで働くのが日課だった。日曜はさすがに休んだ。1週間の疲れを取るべく死んだように寝た。

祝日の午前中は休みにしたが、午後から出社した。こう書くと半休のようだが、実態は

違う。午後だけで12時間ほど働いたことになる。朝寝坊ができるだけの祝日だった。

やることはいくらでもあった。企画、開発、テスト、ホームページ作成、広告、ＰＲ、ダイレクトメールの配信、顧客サポート、受注システムの構築と運用……なにしろ早くソフトを作り、ヒットさせなければ会社が倒産するのだ。３人で10人分の仕事をこなしていたのではないだろうか。

こんな危ないこともあった。その週、私は月曜から体調が絶好調だった。朝から目がギンギンで、頭が冴えまくっている。夜は３時過ぎまでまったく眠くならない。月曜、火曜、水曜とそれが続いた。「ついに私の全盛期が来た」と思った。しかし、木曜の夕方、どっと疲れがきた。「今日は早く帰ります」と２人に伝え、歩いて10分ほどの１Ｋのアパートに帰り、鍵を開け、部屋の電気をつけた瞬間、前向きに倒れた。意識はあるが体が動かない。さて、どうしたものか。心臓がバクバクと鳴っている。その後、意識も失った。気付けば翌朝。12時間ほど経過した後だった。とりあえず生きていることに安心したが、本当に死ぬかと思った。死んでいれば過労死と言われていただろう。まだ若かったので心臓が耐えてくれたのだと思う。それ以降、体調が良くても調子に乗り過ぎないことを意識している。

そして、これだけ働いても給料はゼロである。会社の売上が少ないのに、給料なんていらない。もらったところで使う時間もない。３人とも同じ思いだった。血液型は３人ともA型。３人とも技術者。３人ともこの事業の成功を夢見ていた。極めてモノカルチャーな会社だった。

すぐに売れたが人手が足りない。初の採用はベテラン派遣の上田さん

サイボウズは予想外に早く結果を出し始めた。１９９７年8月に創業した後、10月に最初の製品「サイボウズ Office」を発売開始、12月には単月で黒字化、翌年の3月には月の売上が1千万円を超えた。世間では、ウェブ技術を使って社内の情報共有をする手法を「イントラネット」と名付け、多くの企業が導入を試みていた。時代に乗るとはこういうことか。畑さんが作る「サイボウズ Office」は、既存のグループウェアよりも圧倒的に使いやすく、手軽に情報共有を実現できた。「サイボウズ Office」は我々３人の予想を上回るスピードで売れていった。

しかし、困ったことがあった。人手が足りない。注文が増えればライセンス証書や請求書の発送作業も増える。問い合わせも増える。注文が来るのに対応が追い付かない。問い合わせを受けても、返答するのは2~3日後だ。３人とも目いっぱい働いているのにさば

きれない。

手伝ってくれる人をすぐに採用するため、松山市のタウン情報誌に人材募集広告をかけてみたが、ほぼ反応はなかった。無理もない。３名しかいないＩＴベンチャーだ。しかも、「サイボウズ」という社名は怪し過ぎる。オフィスの住所はマンションの一室だ。これも怪しい。採用できたとしても、働いてもらうスペースがない。まずは引っ越そうということで、古い雑居ビルに移動した。面積は大幅に増えたが、家賃はほとんど変わらなかった。つまり、きれいなビルではなく、鍵をかけてもドアを蹴れば開くようなオフィスを借りた。

正社員の採用は難しそうだということで、地元の人材派遣会社から来ていただくことになった。上田さんというベテランの女性だった。顧客からの注文に対応する業務をお願いしたが、上田さんは素晴らしく仕事ができた。仕事ができるだけでなく、３人の規律を正すお目付け役も務めていただいた。朝は一番に出社され、３人が９時を過ぎてからダラダラと出社するのを毎朝出迎えてくれた。古くて汚い共同便所の掃除までしてくれた。大きな夢ばかり語る３人を面白そうに眺めていた。

日々の受注処理から解放された私は自由に出張できるようになった。東京の出版社を回り、ＩＴ雑誌の記者を相手に、いかに「サイボウズ Office」が優れているかを説いて回った。こんなに優れたソフトなのだから、記者も大注目するに違いない。ところが現実は違った。ひどいときは1人だけを相手に30分以上もプレゼンテーションをした。まぁ、そんなもんだ。熱狂的なファンになって記事を書いてもらえたらいいと思っていたら、本当に記事を書いてくれた。このころに知り合った記者の方には、今でも感謝している。

東京でメディア回りを済ませた私は、製品を導入していただいた企業の事例取材に向かった。有名な会社の導入事例は、サイボウズの信頼度向上につながる。取材を受ける側にリスクがあるので、ほとんどの企業に取材を断られたが、それでも先進的な一部の大企業に助けられた。導入事例の記事は、我々のホームページに大きく掲載し、次の顧客に安心感を与える材料となった。

こうしてサイボウズは事業を拡大していった。

止まると死ぬ、止まらなくても死ぬ。疲れ切った中での上場

しかし、圧倒的に人手が足りない。「サイボウズ Office」が売れ始めると、何社ものソフトウェア企業がよく似た製品を開発し、市場に投入してきた。サイボウズの開発メンバーは、畑さん1人だけだ。このままでは競争に勝てない。早く開発者を採用しなければサ

イボウズは死ぬ。

畑さんは元々ジャストシステムに勤めていたのでプログラマーの友達がたくさんいた。しかし、転職してきてほしいと誘っても断られた。愛媛県に縁もゆかりもない人にとって、松山市は遠い場所だ。誘った人の中に「大阪にオフィスを出すんだったらサイボウズに入社してもいい」と言う人がいた。決めた。大阪に移そう。

畑さんと私は大阪大学の出身で、高須賀さんと私は大阪府門真市にある松下電工で知り合った。やはりサイボウズは大阪にふさわしい会社だ。

畑さんと私は大阪に出張し、入居できそうなビルを探した。大阪の中心は梅田である。梅田にオフィスを構えれば、断る人はまずいまい。阪急梅田駅から徒歩1分という絶好のロケーションで、コストパフォーマンスの高いオフィスビルを見つけた。完璧だ。これで採用できる。上田さんに別れを告げて、いざ大阪へ。

3人はついに大阪に来た。これで人員を増強できる。松下電工時代の知人や大学の同級生まで、手当たり次第に声をかけていった。サイボウズの事業に魅力を感じてくれる人はいないか。一緒に働こうと考えてくれる人はいないか。そして、それは意外とたくさんいた。大阪オフィスを開設してから1年の間に、人は15人まで増えた。

その後も競合が続々と参入してきた。ウェブ技術を使ったアプリケーションは、仕組みがわかってしまえば比較的低コストで開発できる。競争に勝つには、さらに開発スピードを上げ、強いブランドを先に作らなければならない。

そのために徹底的に広告を出した。ソフトウェア業界は、「Winner takes all」と言われるように、一番早く成功した企業が圧勝する傾向がある。先に名前を売り、業界のスタンダードだと認識されれば、サイボウズも生き残れるに違いない。当時の売上は月1億円程度まで増えていたが、そのうち半分の5千万円を広告宣伝費に投入した。大量に広告を出していくために、松下電工時代に知り合った別府克則《かつのり》を採用し、2人で手分けして宣伝活動に取り組んだ。しかし、1か月で5千万円の広告費など、とても使い切れない。でも、とにかく使わなければならない。手当たり次第に広告を打ちまくった。当時数十誌あったコンピュータ雑誌のほとんどでサイボウズの広告を出した。ボウズマンという特異な自社キャラクターを作って人目を引き、大量に広告を見てもらうことでスタンダード感を演出した。1つひとつの広告の効果が多少悪くてもかまわない。ガンガン出した。そして、「サイボウズ Office」はさらに売れた。

それによって、問題が発生した。人員の増加ペースよりも販売の増加ペースのほうが早く、また業務が滞るようになった。人員は増えているのに忙しさは悪化している。新しい機能を出せば出すほど、広告を出せば出すほど、サイボウズへの注目は高まり、売上は伸びていった。採用も頑張っていたが、知人に声をかけるにも限界がある。

「サイボウズ Office」の新バージョンの発売開始が近づいたある日、顧客サポート部門のリーダーから思いがけない言葉を聞く。「新バージョンのリリースを延期してほしい」。顧客サポート部門は急増する問い合わせに対応できず、回答まで数日待たせる状況が続いていた。採用した新しいメンバーに十分な教育をする余裕が持てず、対応品質の低下を招いていた。ここで新バージョンをリリースしたら、さらに問い合わせが殺到する。問い合わせに答えられないということは、信頼を重んじるビジネスソフト業界では致命傷だ。二度と戻ってきてくれないかもしれない。

しかし、止まるわけにはいかないと判断した。競争相手は、我々よりもはるかに規模が大きく、開発スピードを上げて追いかけてきている。新しいバージョンを早くリリースし、一気呵成に広告し、スタンダードのブランドを作っていかなければ、我々は存続できないと考えた。

そして混乱の中、新製品を予定通りリリースした。新製品を待っていた既存顧客からは、バージョンアップの申し込みが殺到した。オフィスのＦＡＸの横には、受信した申し込み用紙が山積みになったまま放置されていた。とてもじゃないが処理できない量だ。うれしい悲鳴を上げたいところだが、そんな余裕はなかった。止まると死ぬ、止まらなくても死ぬ。いつ抜けるかわからないトンネルをひたすら走っている。走り続ける高揚感だけがあった。

サイボウズはさらに売上を伸ばしていた。ちょうどそのころ、マザーズという新興企業向けの株式市場が東京証券取引所に開設されることを知った。上場すれば資金が集まり、競合に大きな差をつけられるのではないか。しかし、3人の創業メンバーには株式など金融に関して知識がない。そこで、日本興業銀行に勤めていた山田理《おさむ》（現サイボウズ副社長）を知人から紹介してもらって採用し、上場準備を始めた。

しかし、入社したての山田の仕事の半分は、社内のもめ事の仲裁だった。異常な忙しさが原因で、社員同士の関係は険悪だった。毎日残業で土日も出勤。やってもやっても終わらない業務を前に、仕事の割り振りで言い争いをしたり、仕事のやり方を非難し合ったりすることもあった。毎日のように女性社員が泣いていた。泣いたら山田や私が話を聞いて慰めたが、何の解決にもならなかった。みんな必死に働いていたが、ただただ忙しかった。

そして、2000年8月23日、サイボウズは上場した。松山市のマンションで3人が創業してから、わずか3年と15日。その日は近所の居酒屋に社員が集まって上場記念の飲み会を開催した。今まで頑張ってきたメンバーをねぎらうイベントになるはずだったが、ほとんどのメンバーが残業のために遅れてやってきた。心も体も疲れ切った中で、表向きの笑顔だけがそこにあった。もう駄目だ。もっと人を採用しやすい場所に行こう。つまり東京だ。

東京への大移動。今度は人を増やし過ぎる

当時サイボウズで働いていた従業員は、正社員と派遣社員を合わせて約30人。この全従業員に東京への異動をお願いした。派遣社員には派遣元に協力を仰ぎ、この機会に正社員になってもらった。年俸は、全員一律で100万円アップすることにした。1人でも多く連れて行こうとしたが、家族や住居の関係で、全員は行けなかった。2000年の春から年末にかけ、数人を残してサイボウズの社員は大移動を実施した。

東京に移ってからは、人材採用が比較的順調に進んだ。上場したことで知名度が高まった。今まで募集をかけてもなかなか集まらなかったのに、続々と申し込みが来るようになった。採用ペースを上げるために、採用可否の判断を現場に任せ、次々と採用していった。

これで人手不足が解決する……。しかし、さっそく次の問題が発生した。急いで人を増やし過ぎた。2002年には社員数が70人を超えた。2年で2倍以上に増えたことになる。

社内の一体感が急速に失われていくのを感じた。社員と話していると、製品や他の部門に対して愚痴を聞く機会が増えた。飲み会で誰かのよくない噂を耳にすることもあった。誰かがミスをすると、すぐに社内に広まった。指示を待ったまま仕事をしない人まで出てきた。おかしい。サイボウズはもっと真面目で前向きな人たちが働く場所だったはずだ。

大阪時代は忙しかったが仕事に没頭できていた。みんな日々の仕事をこなすのに必死だった。自分が休んではいけないという使命感に燃えていた。サイボウズの成長に、自分の成長を重ね合わせながら、夢を持って働いていた。しかし、東京に来てからというもの、忙しさはピークを越えたが、仕事への熱心さは失われつつあった。上場前と上場後はこうも違うものなのか。

いや、単に組織をマネジメントする能力がなかったのだ。そんなとき、サイボウズの売上と利益は激減し始める。２００３年1月期、サイボウズの売上は前年比で14％減、経常利益は37％減。もちろん減収も減益も創業から初めてのことだ。

事業部制と成果主義。初めての人事制度は大失敗

事業の成長が止まるのは時間の問題だった。そもそも持続的に成長できるビジネスモデ

ルではなかったのだ。ウェブ技術を使って安くて便利なグループウェアを作り、徹底的に広告を出し、インターネットで売り切る。永続するはずがない。ソフトウェアは食料品のように食べてなくなるものではない。毎日使っても、減ることもなければ故障することもない。１回買ったら永久に使い続けられる。

ある顧客から絶賛されたことがあった。「うちの会社はサイボウズなしでは仕事にならない。サイボウズには本当にお世話になっている」。会社に帰って、この顧客の購買履歴を調べたら、何年も前に一度ソフトを買い、バージョンアップをすることなく使い続けていた。顧客は喜んでいるが、我々には資金が入らない。

生き残るためには持続的にお金をもらえる仕組みを作らなければならない。売上の大半を占める「サイボウズ Office」では、毎年料金をいただく保守契約を新たに作った。製品のバージョンアップやサポートを年間契約で提供するものだ。これを既存の顧客に勧めてまわったが、無料で使い続けられることに満足している顧客には保守契約をする理由がない。保守契約が定着するには数年の時間が必要だった。

売上を回復するには別の製品が必要だと考えた。今までのように中小企業や大企業の部門を対象としたグループウェアでは、売上の規模が小さいうえに、保守契約をしてくれる確率が低い。ならば、大企業の情報システム部門が、全社で導入する大規模のグループウェアを作ればよいではないか。一度にもらえる売上が大きくなり、また、安心のために保守契約をしてくれるだろう。そこで、大企業向けグループウェアを開発することにした。また、今までのようなスケジュール共有や掲示板のアプリケーションではなく、データベースやメールを共有できる新しい情報共有アプリケーションを開発することも決めた。

これらの4製品が揃えば、リスクを分散しながら再度事業を成長軌道に乗せられると考えた。しかし、急がなければならない。そこで、会社を製品ごとに4つの事業部に分け、各事業部で迅速に意思決定をして進めていく体制にした。それぞれの事業部には事業部長を置き、思い切って権限を委譲した。私は大企業向けグループウェアの事業部長を務めることになった。他の事業部のことを気にすることなく、それぞれが思い切って事業を進めた。

さらに、失われてしまったサイボウズのハングリー精神を復活させたいと考えた。我々は、日本の大企業でよく見かける年功序列制度を生ぬるいものとして嫌っていた。これからの時代は成果主義だ。若くても成果を上げる人に報いることで、強いモチベーションを引き出せる。そこで、成果主義に基づく人事制度を作ることにした。サイボウズにとって初の人事制度であり、完全な成果主義を目指した。まず、上司と話し合って目標を立て、どこまで達成したかで点数を付ける。点数は社員同士で比較し、点数が上位半分の社員は給料が上がる。残りの半分は給与が上がらない。特に点数が悪い者については、改善を求め、それでも点数が上がらないようなら退社を促す。コンセプトは「アップorアウト」。社内競争だ。そして、ボーナスも社員の士気を高めるには重要だと考えた。ボーナスは、まず事業部の業績によって大きく配分され、その先は事業部長の一存で誰にいくら渡すか決められるようにした。

これらの人事制度の結果はひどいものだった。社員同士の競争を促進したため、今までにも増して他人の仕事を手伝わなくなった。当たり前の結果だ。他人の目標達成率が上がれば、相対的に自分は不利になるのだから。また、妙に低い目標を立てる人が出てきた。自分の評価点は、自分の目標に対する達成率で決まるのだから、できるだけ低い目標を設定したほうが有利になる。給与にこだわる者は、上司に掛け合って目標を下げようとした。逆に、事業へのチャレンジ精神が旺盛な者は、自分を鼓舞するために高い目標を設定し、自身の評価を下げることにつながっていた。これでは逆効果だ。

また、ボーナスも士気向上にはつながらなかった。既存の売れ筋製品を扱う事業部は大きな利益が出ているため、中核メンバーは多額のボーナスを手にした。しかし、立ち上げ途中の新製品を扱う事業部は、当面は赤字の状態だからボーナスは全員ゼロだ。自分の努力にまったく連動しないボーナスの金額に対し、納得できない社員は辞めていき、離職率は20％前後と高い状態が続いた。

また、事業部を分けたことも新たな問題を生んだ。当時のサイボウズはまだ正社員が80人程度だから、細かく組織を分けることは事業の縮小を意味する。こぢんまりとした4つの組織で、こぢんまりとしたソフトが作られ、こぢんまりと売られるようになった。当時のサイボウズの一体感のなさもあり、事業部間が協力し合うことはなかった。

人事制度はめちゃくちゃだったが、なんと売上は持ち直した。単純に事業環境がよかったと言わざるを得ない。当時のサイボウズにはまだ勢いが残っていた。人事制度がどうあろうと気にしない、気合いと根性を持ったメンバーがキーマンとなり、他のメンバーの頑張りを引き出した。そして新製品の事業が立ち上がり、売上は回復していった。異様な熱意だけを頼りに頑張り抜き、サイボウズはなんとか生き延び続けた。

社長になった私の暴走。手当たり次第のM＆A戦略

社内ではさまざまな歪《ひず》みが大きくなっていた。と同時に、別の問題が発生した。創業時から社長を務め続けていた高須賀さんが、サイボウズの経営に興味がなくなっていた。創業からずっと3人でやってきて、数え切れないほどの議論をしてきた。高須賀さんはでき

上がった会社を経営するよりも、ゼロから会社を興すことに強い思い入れがあるのを知っている。起業した当初のワクワク感を今のサイボウズに求めることはできない。次の体制を作るときがきたのだ。

私は畑さんと相談をした。畑さんは生粋のプログラマーで、社長を務めることに興味がない。私自身も社長をするタイプではないと思っていたが、今は非常時だ。私が社長を務めることを決意した。ベストでなくともベターな解だろう。私にはサイボウズを立て直す自信があった。サイボウズのことを一番よく知っているのは私だ。創業から今までサイボウズで起こってきたことをずっと近くで見てきた。これも運命だ。

２００４年末、創業者３人が集まって何度も話し合った。そして私が社長を引き継ぐことが決まった。２００５年４月に開催された株主総会をもって、私が公式にサイボウズの代表取締役社長に就任した。

私はサイボウズの現状に我慢ならなかった。２００２年の減収減益を乗り越え、再び成長し始めていたものの、売上成長率は10％程度。売上高経常利益率は20％を切ったままだ。こんなつまらない会社にしたいわけではない。サイボウズはグローバルに活躍する可能性を秘めたＩＴベンチャーだ。もっと勢いよく成長する企業にしたいと思った。

2005年1月期の売上は約29億円だったが、これを向こう3年で2倍の60億円にしたいと考えた。社長に就任するにあたり、私はこの売上倍増目標を社内で宣言し、3年分の事業計画を立てた。既存のソフトウェア事業はここまで伸ばし、別途こんな新事業を立ち上げ、トータルで売上を倍増させる。現状を打破し、もう一度勢いのある会社を作るのだ。ド派手な事業計画を作り、実行を社員に求めた。私は1人で暴走していた。

事業規模拡大のための戦略の1つがM&Aであった。グループウェア市場は競争が激しいだけでなく、すでに市場が飽和しつつあった。今後も持続的にサイボウズが成長していくためには、新しい市場に事業を広げていかなければならない。そのためにM&Aという手段を有効に使い、別の事業をスピーディに手に入れる。サイボウズは創業した年からずっと利益を出し続けてきたこともあり、M&A戦略を進めるための買収資金が手元にあった。

M&Aについてはまったくノウハウがなかったが、手当たり次第に買収した。社長就任から1年半で9社を傘下に収めた。携帯電話の販売、人材派遣、中小企業のコンサルティング、ホテルの予約サービス、シンクライアントのハードウェア、セキュリティ情報サービスなど。ソフトウェア分野に限らず、さまざまな事業を次々と買収していった。2005年1月期に売上高が29億円だったサイボウズは、2008年1月期にはグループでの連結売上高が１２０億円を超えるまでになっていった。一方、本業のグループウェア事業は、3年経ってもまだ40億円弱の売上にとどまっており、この時点で何の会社かよくわからなくなっていた。

離職率は28％に。「マネジメント研修」は愚痴大会へ

サイボウズの離職率は引き続き高い状態が続いていた。私が社長になった２００６年１月期の離職率は過去最高の28％を記録した。正社員だった83人のうち、23人が1年後には辞めていなくなった。４人に１人以上が辞めたことになる。

辞めていく理由はさまざまだった。より高い給与を求めて外資系企業に転職する人もいれば、昔のサイボウズの雰囲気がよかったからと小規模な会社に転職する人もいた。結婚や出産を機に仕事一辺倒なライフスタイルを見直そうと辞める人もいれば、ストックオプションを行使して得た資金を使って起業する人もいた。

社内の雰囲気がよいはずはない。退職者が最後に出社する金曜日の18時を過ぎると、他の社員がその席の周りに集まってプレゼントを渡した。退職者はみんなの前で、次の職場への熱い思いや抱負を語った。これが毎週のように繰り返された。同じ日に２人が辞める

こともあった。そのときはオフィスの2か所から同時に退社の挨拶が聞こえた。「次は誰が辞めるんだ?」「自分はこのまま残っていていいのか?」。多くの社員が疑心暗鬼になっていた。私自身も不安にかられ、次に誰が辞めるのかを想像する日が続いた。

2006年7月1日、土曜日。モヤモヤとした状況が続く現状を打破するため、「マネジメント研修」なるものを開催することにした。役員の次の層、すなわち部長やプロジェクトリーダーを務める人間を集め、サイボウズの今後のマネジメントについて考える会である。このクラスのメンバーであれば、自社をより良いものにするために前向きな議論ができるだろうと私は期待していた。

しかし、期待は打ち砕かれた。議論が噛み合わない。互いを非難し合うだけの場になった。研修に出席すらしないメンバーもいた。全員が参加できるように、あえて土曜日に日程を設定し、会社に近い会議室を借りたにもかかわらず、彼は研修に来ず、私の依頼を無視してオフィスで働いていた。

参加者には事前に宿題を出しておいた。「これからサイボウズをどんな会社にしたいか」を考え、自分の意見をまとめることだ。その結果、参加したマネージャー・リーダーがバラバラの方向を向いていることがわかった。買収した企業群を統括して伸ばすべきだと考えている人、新規事業の立ち上げが重要だと説く人、顧客満足を追求することがすべてだと言う人、１人１人のスキル向上に重きを置く人、製品の品質向上が最重要テーマだと信じる人、職場環境を快適にしたいと願う人。とにかくバラバラだった。世界征服をしたいと宣言する人までいた。

この日、１日をかけて議論しながら、それぞれの意見を１つの方向性に束ねていこうと試みた。しかし、失敗に終わった。そればかりか、壮大な愚痴大会へと発展していった。「開発は現場をわかってない」「営業戦略がよくわからない」「社内に疲弊感が充満している」「若手が育っていない」「経営者は話を聞いてくれない」。感情的な発言が続々と飛び出すと、私もエキサイトしてやり合った。特に成果が出ないまま研修は終了し、居酒屋に移動してみんなで飲んだ。酒の力を借りて、その日派手に荒れた関係を補修するので精一杯だった。

20億円以上を使い果たす。共同創業者の見放し宣言

そこにきて業績の悪化が明確になった。２００６年9月、サイボウズは業績の下方修正を発表した。買収した子会社の一部の業績が思わしくなく、全体の利益に大きな影響を与

えた。私は今までのM&A戦略が甘かったことをここでようやく認識した。企業を買収するということは、単純に売上が増えるだけではなく、その会社の事業リスクを抱え込むということだった。

その3か月後には追い打ちが待っていた。子会社の業績がさらに悪化し、一部で大きな損失が発生した。2006年12月、再度業績の下方修正を発表した。前期実績で4億6千500万円の純利益を上げていたサイボウズだが、この期の純利益は2千万円まで落ち込むと発表した。私は子会社の業績をまったく読めていなかった。「半年後には子会社の業績も改善する見込みです」。M&Aを担当する役員の言葉を信じられなくなっていた。

サイボウズは創業からずっと黒字経営を続けていた。自分たちの給料を後回しにしてでも事業の発展に投資し、堅実に経営してきた。上場した後も、無駄なお金は使わないように努めてきた。上場記念パーティを近所の居酒屋でやるような会社だ。そのため、企業規模が小さい割に財務体質は健全で、私が社長を引き継いだ時点で20億円以上の現預金が手元にあった。しかし、そのお金はM&Aで使い切り、借入金で会社を回していた。全体の売上金額は4倍になったが、利益を生み出すことが困難になっていた。子会社の状況がわからない中、さらに悪化するリスクを抱えていた。

そして遂に組織の求心力を失う日が来た。共同創業者であり、私にとっては兄のような存在でもある畑さんから、「M&Aによって拡大戦略を続けるのであれば、自分に貢献できることはない。取締役を退任したい」と言われた。事実上の見放し宣言だと受け取った。畑さんは翌年の株主総会で取締役を退任した。

私は大きなショックを受けていた。社長を引き受けたのは、このような状況を作り出すためではない。健全に事業成長を続ける会社を作りたかったのだ。しかし、手元の現金を使い果たしたばかりか、突然発生する子会社の損失に怯えていた。社内のマネージャーやリーダーたちと前向きな議論すらできず、会社の雰囲気は悪化していた。

26歳で起業し、3年後に上場。私は29歳で上場企業の役員になった。自分に自信があった。自分の実力だけでなく、運の強さにも自信があった。しかし、それは勘違いだった。私は経営がまったくできない、自信過剰な若造だった。特別な運も持ち合わせていなかった。上場企業の社長どころか、数人の部下を持つことすら危ういスキルしか持っていなかった。

そのことを自分なりに理解した。情けない気持ちで一杯だった。メンバーに申し訳なさ過ぎて、会わせる顔がないと思った。その当時、私の頭の中はネガティブなことばかり考えていて、歩いているときに「あの自動車が暴走して私をはねてくれないだろうか」と本気で思ったのを記憶している。

「社長を辞めたい」と他の役員に相談して回った。私は社長の器ではないと伝えた。話しているうちに涙がボロボロこぼれて止められなかった。こう返された。「社長を辞めるのは簡単ですよ」。確かにそうだ。辞めるのは楽だ。もちろん続けられるなら続けたい。しかし、スキルが低い人がやるべきではない。また別の役員はこう言った。「今までのことは勉強代です。学んで返済していきましょう」。私に返済する自信はまったくなかった。

真剣スイッチON。「頑張る」のと「命を懸ける」のではレベルが違う

とりあえず働くしかない。平日だろうが休日だろうが。気分が落ち込んでいても関係ない。とにかく出社あるのみだ。1分1秒でも長く会社で働いているという現実だけが私の気休めだった。

ある日曜日の朝、いつものようにコンビニに立ち寄り、おにぎりを買ってから出社しようとしていた私は、ふと本棚のコーナーに目をやった。『松下幸之助　日々のことば』という本が置いてあった。松下幸之助氏の名言を365日分まとめた本だった。なんとなく手を伸ばして開いてみた。藁にもすがる思いだったのかもしれない。その本の最初、すな

わち1月1日のところにこう書いてあった。「本気になって真剣に志を立てよう。強い志があれば事は半ば達せられたといってもよい」。頭に雷が落ちた気がした。最初に書いてあるということは、これが最も大事なことなのだろう。「真剣」という言葉は「真の剣」と書く。つまり、うまくいかなかったら死ねという意味だと理解した。「真剣」という言葉が何度も自分を刺した。果たして自分は真剣だったのだろうか。失敗したら死ぬつもりで取り組んだのだろうか。答えはノーだ。明確にノーだ。「私がサイボウズについて一番詳しいのだから、私が社長をすれば何とかなるだろう」くらいに軽く思っていた。

振り返ってみれば、今までの私は「それなりに頑張ればなんとかなる」人生だった。塾に行かなくても適当に授業を聞いていれば希望の大学に入れた。バブルが崩壊した直後でも、大学の教授の推薦で希望する関西の大手電機メーカーに入社できた。ソフトウェアの事業をやりたいと思い、起業してみたらすぐに黒字になって、3年で上場できた。「私は運が強い。才能もある。それなりに頑張ればなんとかなる」。どこかでそんな風に考えていたのだと思う。

しかし、ここから先は違う。自分より才能のある人などいくらでもいる。自分より努力する人もいくらでもいる。自分より運のいい人もいくらでもいる。「頑張ればなんとかなる」などあり得ない。勝負できる一点に絞り、命を懸ける想いで取り組まなければ、ここから先には進めない。「頑張る」のと「命を懸ける」のではレベルが違うことを理解した。

私はこれから真剣に取り組む。社長として、この会社の成功に命を懸ける。失敗したら死んでもよいと覚悟を決める。そう考えた途端、気持ちに迷いがなくなった。私は覚悟を決めるということを学び、自分の真剣スイッチを生まれて初めてＯＮにした。

あきらめるだけなら誰でもできる。保身をあきらめることが覚悟のコツ

自分の心構えに変化が表れているのを感じていた。たとえば会議。それまでは軽い気持ちで出席することが多かった。しかし覚悟を決めて会議に参加すると、心構えがまったく違う。一言でも聞き漏らさないように耳をそばだてる。疑問が湧けばすぐに質問をする。中途半端な提案だと思えば遠慮なく却下する。

覚悟ができ始めると、周囲の人たちの動きに動揺することがなくなってきた。新たに退職者が出ても心がぶれない。穏やかな心境だ。元気に退職していく人を見ると、心から頑張れと応援する自分がいた。元気なく退職していく人がいると、相談に乗ろうとする自分がいた。

ある日、私に退職を告げに来た社員がいた。楽しく働けていなかったようだったから、

転職は良い選択だと思った。まだ転職先が決まっていないと言ったので、転職先探しを手伝おうかと伝えた。彼は「止めてくれないんですか？」と不思議がった。私は笑った。そして、彼はサイボウズを辞めずに残る決断をした。それから彼は人が変わったように活躍した。

真剣に成功を目指したとき、会社を去る人のことをくよくよ悩むだろうか。悩まない。そんな余裕はない。残った人で何とか成功することに集中する。誰かに批判されたことを気に掛けるだろうか。掛けない。批判されても死にはしない。粛々と次の課題に取り組むだけだ。

「覚悟」という言葉には大きく2つの意味がある。1つは「リスクを受け止める心構え」。これは前向きな意味だ。もう1つは「あきらめ」。これは後ろ向きな意味だ。しかし、この2つの意味が共存するのが覚悟という言葉だ。理想を実現するためなら、どんなリスクであろうと受け止める覚悟を決めること。それは、その理想以外のすべてをあきらめるということでもある。

覚悟を決めている人は言い訳をしない。どれだけ責められてもよいと覚悟をしているから言い訳をする必要がない。言い訳をしない人は心が強い人だ。しかし、心が弱い人でもその領域に行けると気付いた。それは、保身をあきらめることだ。あきらめるだけなら誰でもできる。誰からどのように責め立てられようが、その内容に納得いかないものがあろうが、必ずしも自分の責任だけではないことだろうが、保身をあきらめる覚悟。保身に時間を費やすのではなく、再度理想に向かって粛々と行動し続ける覚悟。

私もとにかくこのサイボウズという組織がよりよい状態になることに全力を尽くそう。1人の経営者として、世の中でどのような評価をされてもかまわない。できることに集中しよう。

覚悟のコツをつかむことで、自分に自信が戻り始めていた。以前の私は日々の結果に一喜一憂していたが、実は自信がなかったのかもしれない。自信とは、自分を信じると書く。目先の結果で自分の評価を変えるのは、自信がない証拠ではないか。今、目の前で辛い結果が起きようとも、その困難に向き合おう。

そして、その後も次々と困難が発生した。子会社の業績悪化、本社の売上の低迷、社員との雇用問題、うつ病、役員やマネージャーの退職、リーマンショック、強大な競合の参入、販売パートナーからの圧力など。逃げずに向き合うことしかできなかったが、向き合えば問題が解決に近づくことがわかった。自分は自分のベストを尽くすしかない。それで無理ならあきらめるしかない。逃げようとしていない自分にふと気が付くと、そこに自分の成長を感じた。階段を1つ上がった気がした。

今までに受けた取材で「青野さんの座右の銘は？」と聞かれることが何度かあった。特にないので適当に答えていたが、今、それを得た。「真剣」。これを座右の銘にしよう。もう逃げない。揺るがない真剣さを持って、鬼の形相で事業に取り組む。結果はどうなるかわからない。うまくいかなかったら仕方がない。私の首を遠慮なくかき切ってくれ。どうせ一度は絶望の淵に沈んだ身だ。もう一度チャレンジさせていただけるだけでもありがたい。

高校の授業以来、20年ぶりに書道をした。半紙に「真剣」と書き、自分の座席からいつも見えるところに貼った。文字通り、座右の銘だ。これから私は真剣に生きていくのだ。

第2章

共通の理想を探す

基本法則の発見。「人間は理想に向かって行動する」

さて、サイボウズを復活させていくには真剣さが必要だというところまでは理解できた。命を懸けるような思いがなければ、前に進むことはできない。社長になって2年間、大きな失敗をした。しかし、こんな私でもまだついてきてくれる人がたくさんいる。失敗を許してくれた仲間がいる。一度は死を覚悟した身だ。残りの仕事人生は、彼らにすべて捧げてもかまわない。そこまでは決めた。でも、何からやればよいのだろう。命懸けで強い組織を作るにはどうすればいいのか。何をすべきか。その課題を考えることから始めた。

私は子供のころから理系少年であった。父が警察の通信部門に勤務しており、通信や電子回路に詳しかった。父が回路を設計し、エッチングした基盤を使ってデジタル時計や高性能ラジオが作られていくのをワクワクしながら見ていた。私自身も理系脳だった。物理や数学など理科系の教科のほうが楽しかった。かたや人間の心のわびさびの話になると、さっぱりついていけなかった。論理的に問題を解けない教科には興味が持てなかった。

特に物理が好きだった。基本法則を理解すれば、世の中のさまざまな現象を論理的に説明できる。その中でもニュートン力学がとりわけ好きだった。美を感じた。質量ｍの物体をａの加速度で動かす力をF=maと定義するところから始まり、慣性の法則、作用・反作用の法則、そして、重力による位置エネルギーの式「E=mgh」に至る一連の流れは論理的な美しさを感じた。空中に置かれた物体が持っている位置エネルギーは、質量ｍと重力加速度ｇと高さｈの掛け合わせで表せる。極めてシンプルだ。手を放すと、位置エネルギーが運動エネルギーに変化する。わかりやすい。

世界中、いや宇宙中で起きている現象が、ここまでシンプルな法則で表せるのだ。きっと経営にも似たような法則があるのではないか。その法則を知らないから、私は意思決定や行動にぶれが生じる。基本法則を見つけ出すことができれば、もっと上手に経営できるのではないか。

私は30歳を過ぎたあたりから自分の記憶に限界を感じており、本で知ったり、人から教えてもらったりしたことをデータベースにまとめている（もちろんサイボウズ製品だ）。せっかく学んだことを忘れるのはもったいないし、学んだことの中から新しい発見があるかもしれないからだ。メモはカテゴリーに分けて保管しており、現在、全部で７００テーマを超えている。ビジネス書から学んだ他の経営者の考えや、社外の有識者から学んだこと、社外の研修で得たこと、社員に教えてもらったこと、ビジネス系のテレビ番組で得たことなど、忘れたくないことはデータベースに整理していくのが私の学び方だ。

なかでも松下幸之助氏の本は数多く読んだ。もともと松下電工に勤務していたこともあるし、経営の神様と評されることもあるし、学べるネタが多いのではないかと考えた。松下幸之助氏が残した言葉には特徴がある。「シンプルだがわかりにくい」ということである。たとえば、経営のコツについて「宇宙の真理に従うこと」と説いておられる。その真理とは、「生成発展（古きものが滅び、新しきものが生まれる万物流転の原則）」だ。生成発展という原理原則に沿って経営していけばうまくいくとのことだ。

うーむ、意味はわかる。しかし、自分が経営するうえで、どのように活用していけばよいかわからない。どれが滅ぼすべき古きもので、どれが伸ばすべき新しきものなのか、答えが出ない。どれだけ真理を表していても、私が使えなければ意味がない。私が日々判断し、行動していくときに使える等身大の法則を見つけ出さねばならない。

過去のメモを何度も読み返していく中で、ある共通項に気が付いた。それがこちらである。

「人間は理想に向かって行動する」

ブルッと体が震えた。神が降りてきたと思った。これは経営の基本法則として使えるのではないだろうか。

「理想」とは、その人が望んでいる未来だ。すべての人は、自分が望んでいる未来に向かって行動する。理想とは、言い換えれば「夢」であり、「目的」であり、「目標」であり、「ビジョン」であり、「欲」である。表現方法こそ違えど、同義の言葉だと気付いた。その人が「こうなるといいなあ」と思うものすべてが「理想」であり、人はその理想を実現したいがために行動する。実現したくない理想に向かっては行動しない。

人間は何かしら理想と現実の差を抱えて生きている。現実として「空腹」である人は、理想として「満腹」になりたいと願う。そこに差がある。この問題を解決するために「食べる」という課題を設定して行動する。そして、現実は理想に近づき、問題は解決する。とてもシンプルな法則だ。

努力して事を成し遂げた偉人は称賛される。我々は、偉人の凄まじい努力に目をやりがちだが、努力をしたのは理想を強く望んでいたからだ。努力の前に理想がある。どうしてもその理想を実現したかったから努力したのだ。どのような偉人でも同じはずだ。理想への強い思いがあれば、人は努力するのである。

普段私たちが「欲」という言葉を使うときは、「欲張り」「強欲」のように、ネガティブな意味で使うことが多い。しかし、本質的には「夢」や「ビジョン」と同義である。甲子園に出場したいのは欲であり夢である。世界の平和を願うのは欲であり夢である。

人の行動はすべて「理想」によって引き出されている。現実に満足できず、理想を持ち、実現したいという欲望があるから人は課題に取り組む。人間はこの法則で動いている。この法則をもとに考えれば、現在サイボウズで発生している問題を論理的に説明できる気がした。

なぜ社員が辞めるのか。それは、辞めることで理想を実現したいからだ。たとえば、もっと残業を減らしたい、もっとスキルが上がる仕事をしたい、もっと高い給料が欲しいなど。その理想を実現するには、サイボウズに残るよりも「転職する」という課題を遂行したほうが近いと考えたから辞めたのだ。サイボウズに残ったほうが理想に近付けると感じていれば、辞めなかったに違いない。すべての社員は理想を持ち、その理想に向けて課題を遂行しているのだ。

なぜ社員が会社に対して不満を口にするのか。この法則から考えれば論理的に説明できる。「もっと自分の理想に近い会社だといいのに」と願っているからだ。かっこよく言えば、現在の会社の状況に満足せず、高い理想を持っているからだ。だから不満という感情が生まれるのだ。対策はシンプルだ。その理想を聞き出し、実現するための課題を考え、それを遂行していけばよい。課題を遂行しても実現できないのであれば、あきらめてもらうしかない。不満を口にする社員に対し、感情的に対応する必要はまったくない。

この法則に気付いたおかげで、サイボウズに一体感がない原因も理解できるようになった。サイボウズには共通の理想がないのだ。従業員がそれぞれバラバラの理想を持ち、バラバラに活動しているのだ。たとえるならば、七夕の短冊だ。それぞれ違う願い事が同じ竹につけられている。どこに向いて進めばよいかわからない竹だ。それが今のサイボウズだ。共通の理想を作らなかったわけではない。社長就任当初には3年で売上を倍増することを全社目標として掲げた。しかし、社員の共感は得られなかった。望まれなければメンバーの一体感につながるはずがない。基本法則通りにサイボウズが動いていることを理解できた。

「人間は理想に向かって行動する」――この法則は、特に目新しいものではない。しかし、数ある教えの中から、最も根本的で、最も効果的に使えるシンプルな法則を探していた。それがこの法則だと理解した。これこそが最重要の基本法則で、この法則にさえ沿って経営していけば、たいていの問題は解決できるのではないか。私にはニュートン力学以上に強烈にヒットした。

この法則に基づいて考えれば、私が次にやるべきことは明確だ。このサイボウズという組織における、全社共通で最高最大の理想を決めることである。成立条件はただ1つ。サイボウズのメンバー全員が「そうなりたい」と思えること。高い理想でも低い理想でもかまわない。全メンバーが共感できる理想であれば、一体感を持って目指していけるはずだ。

全社共通の理想を決めたい。社員も私も共感できるものを

全社共通の理想を決めよう。全メンバーが望む理想を見つけ出すのだ。

でも、そんなものはあるのだろうか。現代は多様な時代だ。給料を上げるからといって頑張る社員ばかりではない。会社を大きくしたい人もいれば、少数精鋭の会社を作りたい人もいるだろう。本当に全メンバーが望む理想を作り出せるのだろうか。また、全メンバーが望む理想を置くことで、1人1人の個性や多様性を否定することにつながりはしないだろうか。

子供のころ、私はテレビが大好きだった。テレビを通じて、野球やサッカーのようなチームスポーツのアニメをたくさん見てきた。たいていの場合、それらはこういう感じで話

が進む。最初はチームにまとまりがない。メンバーの個性がぶつかり合って、喧嘩ばかりしている。しかし、何かのきっかけでチームがまとまり始める。「次の大会で必ず勝とう」。バラバラだったはずの集団は、いつしか共通の目的を持ち、一体感のあるチームへと変わる。1人1人の個性はユニークな強みになり、最後に理想は現実となる。

多様な人たちをチームとして活かすためには、共通の理想が必要なのだ。多様な人材をチームで受け入れることと、チーム全体で共通の理想を持つことは、実は矛盾しない。共通の理想があるからこそ、多様な人たちを受け入れ、1つの方向に束ねていくことができる。サイボウズにはすでにさまざまな人が集まっている。彼らが魅力を感じる理想を探そう。

社長就任当初、私は全社の共通目標として、3年で売上を倍増するという数値目標を定めた。その数値目標が理想として機能したかどうか、ある執行役員に聞いてみた。「あの目標は効果的な目標だったと思う?」彼にこう返された。「そんな目標ありましたっけ?」。

これが現実だ。目標は共感されていないどころか、覚えられてもいなかった。目標は立てただけでは意味がない。メンバーによって覚えられ、共感され、目指そうというモチベーションを引き出すものでなければならない。メンバーが、そして私自身が、目指したい目標は何なのだろう。

売上や利益を拡大することだろうか。利益率の高い安定した会社を作ることだろうか。社員を増やして大きな会社にすることだろうか。どれもイエスと言えばイエスなのだが、今ひとつしっくりこない。

私には、M&Aを通じて学んだことが2つあった。1つ目は、売上や利益が増えることに私はあまり興味を持っていないということだ。1年半で9社も買収し、連結での売上は120億円を超えたが、そこに満足感も達成感も感じなかった。ワクワクすることもなく、数字が増えるのを他人事のように眺めていた。売上や利益が大事でないとは思わない。それらがあってこそ事業を拡大し、継続できる。しかし、私がこだわりたいポイントではなかったのだと理解した。上場企業の経営者が、売上や利益を追求しないのも珍しいかもしれないが、これが私だ。仕方がない。私が真剣になれるレースは別なのだ。

2つ目は、私には残念ながらさまざまな事業を手掛けることにも興味が持てないということだ。通信、SI（システムインテグレーション）、ハードウェア、コンサルティング、ウェブサービス、さまざまな事業を買収した。どの事業も将来性がある分野だった。しかし、それらの事業に強く興味を抱く日はついに来なかった。興味を持とうと努力はしたが無駄だった。私にはオタク的な特性があり、狭い分野に没頭したいタイプなのだと気付いた。上場企業の経営者が事業を多角化できなくてよいのかとも思うが、やはりこれも仕方がない。理想は、目指す気持ちが湧いてこそ理想。そもそも社長である私が共感する理想でなければ、真剣に命を懸けて取り組むことはできない。それは何なのだろうか。

見えてきたビジョン。グループウェアなら命を懸けても惜しくない

私は子供のころを思い出した。子供のころから科学が大好きで、『子供の科学』という雑誌を愛読していた。自由研究、電子工作、発明と工夫。私好みのテーマばかりで、毎月本が家に届くのを心待ちにしていた。新しい科学技術で世界が大きく変わっていくのは、心の底からワクワクする。私もいつかは最新の技術を使って、みんながびっくりするようなものを作りたいと思っていた。

そして、私はソフトウェアが大好きだった。高校のときは、授業中でもノートにプログラムのコードを書いて喜んでいた。ソフトウェアは、コンピュータを自動操縦し、好きなだけ好きなように仕事をさせられる。ソフトウェアは創造力の塊だ。1台のコンピュータがあれば、100本でも1千本でも1万本でも好きなだけソフトウェアを作り出すことができる。ソフトウェアの力は無限だ。ソフトウェアは人間の知の結晶だ。

大学に入ると、4年間ボランティアサークルに所属した。入学した1990年は、まだバブルの時代であったし、思い切り遊びたい気持ちが強かった。しかし、不利な外部環境に置かれている人たちの存在を知ると、どうにも落ち着かない。気付けばボランティアサークルに入っていた。残念ながら、サークル内で私が大した戦力になることはなかったが、それでも4年間継続して活動した。

松下電工に入社してからは、事業部の人たちにパソコンを配り、ネットワークでつなぎ、使い方を教えることに喜びを感じていた。みんながパソコンとネットワークを使えるようになれば、さまざまな情報を共有でき、助け合って効率よく働けるようになるからだ。

過去を振り返ることで、私が真剣になれることが見えてきた。そうだ、私は社会の役に立つソフトウェアを作りたいのだ。多くの人に使ってもらい、便利さに喜んでもらい、笑顔になってもらえるもの。そしてこう言われたい。「サイボウズ超便利。お前らのソフトのおかげで俺たちは最高に楽しく働けてるぜ」と。

社会の役に立っている実感を得ながら、自信と誇りを持って最高のソフトウェア作りに取り組みたい。自分勝手な理想かもしれないが、これが私の個性だ。私がリーダーを務める以上、私自身の個性を活かすしかない。この理想であれば真剣になれる。命を懸けられる。

果たしてメンバーは共感してくれるだろうか。私は社内を観察した。開発メンバーは、新しいグループウェアの開発に燃えていた。1万人を超える大企業でも安定して動作する新製品だ。それまでのサイボウズは中小企業向けのソフトしか作れないと思われていたが、この新製品で偏見を覆そうとしていた。そして、営業メンバーはその新製品を売り込むことに燃えていた。「お客さん、待っていてください。次のソフトは大企業である御社の仕事を変えますよ」。堂々と話している。顧客の役に立つ自信と誇りに満ちている。

そもそも社員には、売上よりも大事にしているものがあったのだ。それを無視して売上や規模を拡大しようとした私こそが失敗の原因だったのだ。

私はグループウェアが大好きだ。人々が効率よく協力し合って働くのを見るのはとても楽しい。思い返せば、創業した動機もそこにあった。売上を上げたいから会社を作ったわけではない。グループウェアというソフトウェアが、多くの人の役に立てると確信したから創業した。そのソフトを作りたいから創業した。

私を含め、こんなにグループウェア好きの社員ばかりが集まっている会社は、世界的に見ても稀《まれ》ではないか。そうであれば、グループウェアに絞って理想を掲げ、そこで勝負しよう。グループウェアを通じて社会をより良いものに変えていけるのであれば、私は真剣になれる気がする。

ただし、グループウェアは地味だ。世界で大流行し、今もなお拡大を続けているソーシャル・ネットワーク・サービス（SNS）と比べると、激しく地味だ。SNSは世界中の人たちと広くつながっていくが、グループウェアは閉じたメンバーが真面目に使うソフトだ。爆発的に拡がる気がまったくしない。業界の調査データによると、グループウェア市場はすでに飽和状態だ。今後、儲かるかどうかもよくわからない。少なくとも大きな金の匂いはしない。少しずつお金をいただきながら地味に続ける姿しか浮かばない。

ただ、閉じたチームは面白い。濃い。熱い。夢も涙もそこにある。起業してから何度も顧客企業が変わるのを見てきた。閉塞感のある企業が、グループウェアの導入をきっかけに、社員同士の情報共有が進み、風通しの良い会社に変わるのを見てきた。グループウェア上での意見交換をきっかけに、社長のリーダーシップに火がついたのを見てきた。仕事の現場で起きた感動的な話が社内で共有され、社員の心が1つになるのを見てきた。話のネタは尽きない。私はグループウェアなら一生やり続けても飽きない自信がある。しかも、この分野ならいつか世界一になれる気がする。グループウェアなら命を懸けても惜しくない。

もし世界中にグループウェアが普及したら、どんな社会になるだろうか。グループウェアを使いこなし、素晴らしい活動をするチームが世界中にある。すべての人間が、必ずどこかのチームに参加する。同時にいくつものチームに参加することもあるだろう。チームワーク活動を通じて得られる満足感。達成感。チームに貢献できる幸福感。そして、数多くの素晴らしいチームから生み出される数多くの素晴らしい成果。世界は幸福感を伴って進化していく。我々の活動の先には、そんな未来が見える。それまでおぼろげだったサイボウズのビジョンがはっきりしてきた。

ビジョナリー合宿で決まったミッション。「弾み車」が動き始めた

２００７年6月1日の金曜日から2日の土曜日にかけて、その時点で残っていた執行役員クラスの8人で合宿をした。合宿のゴールは、共感できる理想を言葉にすること。短期ではなく長期。しかも5年や10年ではなく、30年後のゴールのイメージだ。永く掲げ続けられる理想の言葉を作ろう。

合宿に行く前に、参加者全員で『ビジョナリー・カンパニー2』という本を読んでおくことにした。共通のキーワードがあると、議論しやすくなるからだ。私はこの合宿を「ビジョナリー合宿」と呼んでいる。この本で書かれている問い、「どのような偉大な企業に

したいか」「針鼠の概念*は何か」「我々が直視できていない厳しい現実は何か」の3点について議論し、明文化することを目的とした。そして、共通の理想を言葉で表した。

「世界で一番使われるグループウェア・メーカーになる」

事業分野をグループウェアに絞り込み、徹底的に集中する。世界一を測る基準は売上や利益ではない。どれだけ多くの人たちに使ってもらっているかだ。世界中のあらゆるチームで、我々が作ったグループウェアを使っていただく。そして、そのすべてのチームのチームワークを高める。チームワークあふれる社会を創る。これが我々がやること。サイボウズ全社共通の「ミッション」だ。

全社の理想を言葉にすると、今まで買収してきた企業に対する方針も固まった。人生を懸けて取り組む事業が絞り込まれたのだから、それ以外の事業に時間を割くことはできない。真剣に取り組むことができないのであれば、私の意思決定下に置き続けることは失礼である。真剣に取り組む人たちが自分たちの意思で運営していったほうがよい。私の個人的な都合で大変申し訳ないが、各社に理解を求め、それから4年かけて買収した子会社の株式を売却した。2008年1月期に120億円あった連結の売上高は、4年後に約3分の1の42億円に激減。その過程でサイボウズは10億円強の損を出した。すべては私の責任だ。勉強代は安くなかった。だが、ぶれてはいけない。私が真剣になれることに絞り込み、真剣に取り組んでいく。それをやるだけだ。

『ビジョナリー・カンパニー2』では、偉大な企業ができていく過程を「弾み車」と表現している。偉大な企業を作るのは、巨大で重い弾み車を回転させるのに似ているというたとえだ。動かし始めるときは大きな力が必要で、頑張った割に進まない気がする。しかし、ずっと根気よく同じ方向に押し続けていれば、弾み車が回転するペースは上がり、やがて勢いよく回り始める。サイボウズの弾み車は、ようやくゴロッと動き始めた気がした。

＊針鼠の概念：『ビジョナリー・カンパニー2』第5章で解説される、優れた企業が持つ単純明快な戦略のこと。針鼠をしとめるために毎日あれやこれやと工夫をする狐に対し、針鼠はその都度その都度ただ体を丸めるだけでいつも狐を退けてしまうという古代ギリシャの寓話に由来する。

言葉の再定義。チームワークを高めるソフトはすべて「グループウェア」だ

「世界で一番使われるグループウェア・メーカーになる」。なかなかいい言葉だ。さっそく社員の共感を得ようとコミュニケーションを開始したが、ポジティブな反応だけではなかった。現実はそんなに甘くない。

ネガティブな反応の中で、もっとも多かったのは「グループウェア事業に絞るのがつまらない」というものだった。それが理由で辞めていく人もいた。彼はこう言った。「サイボウズに入社したら、もっといろんな事業ができると思っていた。グループウェアしかできないのなら退社します」。残念だが仕方がない。私が真剣に取り組めるのはグループウェア事業だけなのだ。期待させてしまったことを謝るしかない。他の事業に取り組みたいのであれば、他の会社に快く送り出したほうが本人のためだと考えた。

次に多かった反応は、「グループウェアやチームワークという言葉がダサい」というものだ。グループウェアは、1990年代の半ばに登場し、数多くのソフトウェア企業やシステムインテグレーターが協力しながら普及させていった。2007年の段階ではすでに「グループウェア」という言葉を掲げる企業は減り、むしろ「グループウェアは古臭い」

と思われる状態だった。我々のプロモーション活動においても同様だった。「グループウェア」という言葉を前面に出して宣伝する機会は減り、「コラボレーション」とか「ソーシャル」とか新しい言葉を使って注意を引こうとしていた。つまり、「グループウェア」という言葉は、新鮮味がない懐メロのようなものになっていた。

しかし、ここはぐっと我慢して、新しい言葉に飛びつくべきではないと考えた。私たちが目指している「チームワークあふれる社会」とは、世界中の閉じた組織（チーム）において、チームワーク活動のレベルが高い状態を指す。そのチームを支えるのがグループウェアである。コラボレーションやソーシャルとは厳密には意味が違う。意味がずれた言葉に飛びつくのは長期的に考えるとリスクが高い。

その代わり、「グループウェア」という言葉を再定義することにした。我々が作る「グループウェア」とは、単なるスケジュール共有ソフトではない。「チーム内でありとあらゆる情報を共有し、チームワークを高めるソフトウェア」だと再定義した。今ある機能では、チームワークのごく一部しか支援できていない。グループウェアとは、もっと幅も奥行きもある総合的なソフトウェアなのだ。

こんな話がある。アメリカの鉄道会社は自分たちの事業ドメインを「鉄道」だと定義した。そのため、移動手段として自動車が広まっていたときも、自分たちの事業ドメインを広げることができず、時代の流れに乗り遅れた。

メンバーと共通の理想について意見交換するなかで、我々も古い思考にとらわれているのではないかと感じた。我々の仕事は、スケジュール共有や掲示板のソフトを作り、顧客の機能改善要求に応えていくことだと考えていた。グループウェアというものを勝手に制限して考えていた。既存の事業に真面目に取り組むことがかえって災いし、新たな可能性を探すことができていなかった。まさにイノベーションのジレンマである。チームワークを高めるソフトはすべてグループウェアだ。決して狭い事業領域ではない。作らないといけないものは、まだ山ほどあるはずだ。

チームワークを測る4つの要素。「効果」「効率」「満足」「学習」

私たちが何を提供できていて、何をできていないのかを認識するために、チームワークの本質について学ぶ努力をした。そもそもチームとは何か、チームワークとは何か、という問いを立てた。有識者の意見を聞きながら、学者の論文を調べていった。そこから大きなヒントを数多く得ることができた。

まず、「チーム」というものに成立条件があることを知った。チームとは、人が集まっただけの集団ではないのである。チームには、「共通のビジョン」「チームの構成員」「役割分担」「仕事の連携」の4要素が必要なのだと学んだ。ここから、チームを支援するグループウェアに必須となる基本機能が何なのかが見えてきた。

次に、「チームワーク」についても本質的な理解を深めた。まず、「チーム」が「ワーク」することがチームワークである。直訳すれば、「仲間と働くこと」である。そして、チームワークには良し悪しがあることを学んだ。チームワークが良い状態とはどういう状態なのか。ある論文にこう書かれていた。チームワークの良し悪しを決めるのは、「効果」「効率」「満足」「学習」の4要素であると。この学びは大きかった。

それまで私は、チームワークが良い状態とは、単純に「成果物が多い」状態だと考えていた。しかし、がむしゃらに働いて成果を上げるだけの非効率なチームが、果たしてチームワークが良いと言えるのか。メンバーの満足度が低くて解散寸前なのに、チームワークが良いと言えるのか。学びが少なく、メンバーの成長につながっていないのに、チームワークが良いと言えるのか。チームワークが良い状態とは、「効果」「効率」「満足」「学習」の4要素がすべて揃っている状態なのだ。チームワークについて学ぶことで、我々のグループウェア事業が単に作業を効率化するものではないことに気付けた。我々はもっともっと大きな価値を提供できるのだ。

最近では、「チーム」や「チームワーク」という言葉が社内用語として浸透しつつある。新しい言葉に飛びつかなかったのは正解だったようだ。このテーマは奥が深い。本質を探究していったほうが、長期的に見て有利だ。

理想の浸透には時間がかかる。社員にメッセージを送ってみた

「チームワークだって？　そんなキーワードじゃ勝てないよ」と、営業現場からネガティブな反応もあった。営業メンバーは、日々、競合他社と熾烈な競争をしながら販売活動をしている。競合から不利な機能比較表を突きつけられたり、値引きの交渉を受けたりしながら、日々現場で戦っているのだ。そこに「チームワーク」という概念を持ち込んだところで何の足しになろうか。製品の機能強化や価格競争力こそ、現場で求められている価値なのだ。

これについては、長期的に解決していくしかないと考えた。残念ながら、今日明日に勝ち負けが決まる案件で、私たちがチームワークについて真剣に考え、取り組んでいること

は何の足しにもならない。顧客は「ふーん、そうなんだ。で、この機能はあるの?」と反応するしかない。

今回、掲げた全社共通の理想は、30年にわたって目指し続ける長期の理想だ。今、掲げ始めたばかりなのだから、現実との乖離《かいり》が大きくても仕方がない。しかし、これから我々が毎日、製品開発や営業現場でこの理想を掲げ続け、目指し続けたらどうなるだろうか。我々が考えるチームワークの概念が製品に反映され、そして顧客にはツール以上の付加価値とともに提供できるようになり、競合他社と大きな差が生まれるに違いない。グループウェア製品の選択は、顧客のチームワーク向上に向けて極めて重要な意思決定だ。安かろう悪かろうではいけない。チームワークを高めたいなら、チームワークに一番こだわって作られているサイボウズ製品を使おう。そう認識してもらえるように、日々の活動を高め、継続していくしかない。そこまでいけば、営業メンバーも理解してくれるに違いない。

自信を持って選んだ共通の理想だが、このように浸透には時間がかかることがわかった。ただ、簡単に共感してもらえなくて当たり前だ。1人1人、それぞれの個性を持って生まれてきて、それぞれの人生を歩んできたのだ。にもかかわらず、今まで共通の理想を掲げてこなかったのだ。個々がバラバラの理想を持っていて当然だ。これから時間をかけて束ねていくしかない。
私は以下のメッセージをグループウェアで全社に公開した。一部省略するが紹介したい。

世界一のグループウェア・メーカーを目指す

2007年2月26日　9時30分

「鈍感力」という言葉が話題になっているそうです。小泉前首相が安倍首相に対し、「目先のことに鈍感になれ。支持率が上がったり下がったりするのをいちいち気にするな」というメッセージを出したところから広がったとのこと。

私が社長になって丸2年、周囲の目が気にならなかった日は1日もありません。株価が下がった日は、ブログに多数の批判コメントが寄せられ、ほぼすべて読んできました。IBMやMicrosoft、Googleのような巨大な欧米企業の動きには、一喜一憂してきました。退社する社員が現れるたびに動揺していました。「鈍感」とは遠い自分が常にいました。

さて、サイボウズはこの2年間、M&Aや新規事業を含め、さまざまな新しい戦略を実行してきました。それは、鈍感力が不足して、過敏に防衛本能を発揮したためなのかどうかはわかりません。ただ、それまでのサイボウズでは、決してやらなかった施策を数多く実行してきました。そのうちのいくつかは成功し、多くは目標に達せず失敗しました。

ポジティブに振り返ってみると、すべていいチャレンジだったと思っています。今の私たちが「できること」を把握できました。たとえるならば、ピッチャーしかやったことがない野球少年が、キャッチャーや内野手、外野手もやってみて、「外野手はできそう。でも、他のポジションは無理そう」と理解したような感じです。

サイボウズは、これから、グループウェアで世界一になります。そのために、世界で一番使えるグループウェアを作り、国内のグループウェア市場で圧勝しつつ、かつ、同時に世界を目指していかなければなりません。

「グループウェア市場はこれ以上伸びない」とか、「グループウェアという言葉が古い」とか、評論家めいたことを言う人がいたとしても、放っておきましょう。ここで鈍感力を発揮しましょう。グループウェア市場を広げるのも、グループウェアという言葉を定着させるのも、周囲ではなく我々にかかっているのですから。

我々サイボウズは、『グループウェア・メーカー』であり、世界一使われるようになりたいのです。グループウェアを作り、それをたくさんの人に喜んで使っていただく。大企業も、中企業も、小企業も。企業を越えても、企業でなくても。グループあるところにサイボウズあり。サイボウズあるところにチームワークあり。世界中によりよいチームワークを創り出す企業になりましょう。それをみんなで実現していきましょう。

この文章を今から読み直すと恥ずかしい限りだが、そのときの私にとっては勝負のメッセージだった。全社員に共通の理想を突きつけた。すると、信じられないことが起きた。この文章をプリントアウトし、自分の机の前に貼る人がいたのだ。驚いた。自分の言葉が人の心を動かし、共感してもらえた現実を目の当たりにした。自分の言葉の重みを痛感した。

また、ある社員にこう言われた。「〝グループあるところにサイボウズあり。サイボウズあるところにチームワークあり〟という言葉がいいですね。名刺に印刷したいくらいです」。これはいいことを聞いた。この言葉は適当に思いついて書いただけだが、確かに響きは悪くない。スローガンとして掲げてみよう。数年後、この言葉が現在使っている全社スローガンの「チームあるところ　サイボウズあり」となり、サイボウズの企業ホームページのいたるところを飾ることになる。

サイボウズは共通の理想を決めた。世界で一番使われるグループウェア・メーカーになる。そして、チームワークあふれる社会を創るのだ。

社員の離職を食い止めたい。楽しく働ける会社にしよう

共通の理想として、私たちがやるべきミッションは決まった。しかし、すぐに解決したい別の問題があった。社員の離職である。

私が社長になった2005年、社員の離職率は28％に達した。その年が始まるときに在

籍していた83人の正社員のうち、実に23人が1年後にはいなかった。翌年もさらに16人がサイボウズを去った。原因の1つは労働環境だった。平日は終電まで働く人が多く、夜10時になっても半分のメンバーは当たり前のように働いていた。土日も出社すると必ず誰かがいた。社員は楽しそうに働いてはいなかったが、それがITベンチャーとして普通の姿だと思っていた。ハードな働き方を拒む人がいても、「我々はITベンチャーですよ。何がしたくて入ってきたんですか?」と、こんな調子で考えていた。ベンチャー企業として、新しい市場で一獲千金を狙っていく。そのわずかなチャンスに望みを託し、持てる能力・時間の限界までチャレンジする。それがベンチャー企業で働く喜びであり、それが社会を活性化しているのだという誇りもあった。

しかし、挫折を経験した後の私は考え方が変化していた。社員が楽しく働いていないことは重要な問題だと思い始めていた。なにしろ私は社長という重責に応えることができず、辞める決意までした人間だ。それでもなお社長にとどまることを認めてもらったのだ。大失敗をして迷惑をかけた自分が、彼らのリーダーとして理想を掲げ、指揮を執り続けるのであれば、みんなが楽しくなくてよいはずがない。楽しく働ける会社にしよう。重要なのはベンチャーらしさではない。残った人たちの幸福だ。変えなければならない。でも何をどう変えればよいのか、答えがわからない。

幸いにもサイボウズには山田がいた。山田は上場する前のサイボウズに約10番目の社員として入社し、その後、管理部門の責任者としてサイボウズに残っていた。山田は日本興業銀行の出身だ。楽天の三木谷浩史社長の後輩にあたる。しかし、とても興銀出身とは思えない。彼が行なう学生向けの会社説明会は、いつも笑いの渦が起きる。というかウケを狙っている。関西芸人のようだ。おそらく興銀もエリート人材ばかりでは多様性が失われるから山田を採用したに違いない。

そんな山田は、銀行出身ということを買われて経理で活躍することを期待していたが、彼がもっとも興味を持っていたのは組織作りだった。そこで、人事を中心に見てもらうことにした。山田は事業自体にはさほど興味がないらしい。サイボウズの事業がグループウェアであり、組織作りに密接に関係するソフトウェアだから楽しめるそうだ。我々の事業ドメインをグループウェアから会計ソフトに切り替えたら、真っ先に辞めるに違いない。

もし「世界で一番使われるグループウェア・メーカーになる」ことを目指し、チームワークあふれる社会を創ることをミッションとするのであれば、まず我々自身がレベルの高いチームワークを実践できる会社でなければならない。現在のように、次々と従業員が辞めていく会社であってはならない。チームワークの4つの評価基準である、効果・効率・満足・学習をすべて満たせるような組織を作らなければならない。

組織イズムを考える。3つの方針が決まったが……

我々の組織が何を目指し、どのような状態に変われば、チームワークが高い状態を作れるのだろうか。組織のミッション（＝やること）に対し、組織のイズム（＝あり方）を定義したい。そう考え、山田は言葉を探した。

そして、1つのスローガンを作った。「より多くの人が、より成長し、より長く働く会社」。より「多くの人」とは、「人数の多さ」に加えて「多様性」も表している。いろいろな人がたくさんいる会社だ。ただし、いるだけではチームワークではない。チームに貢献できるよう、1人1人に「より成長」してもらわないといけない。そして、「より長く」働いてもらいたい。今のサイボウズのように、次々と人が辞めていく会社では持続できない。グループウェア事業は、気が遠くなるほど深くて時間のかかる事業だ。長く働く社員がたくさんいてこそノウハウがたまり、よりよい活動につなげられる。そう考えた。

これで、我々がどのような組織を目指すのかが決まった。

- より多くの人（多くの社員と多様性）

- **より成長（スキルの向上）**
- **より長く働く（長期雇用）**

いかがだろうか。これを決めた当初、我々経営メンバーはよい言葉を選ぶことができたと考えた。そして、そういう組織を作ろうと実現に取り組んできた。ところが、それから7年間の歳月の間に、これらの方針は大きく転換が進んでいる。シンプルに言うと、「多様性」以外の言葉を切り捨ててしまった。それぞれ一定の成果を上げることはできたのだが、根本的なところで説明できなくなり、ほとんどの方針を取り下げることにした。何が違ったのか。

「人数の多さ」は重要ではない。「成長」と「長く働く」にも違和感が出る

まず、「より多くの人が」と掲げたが、「人数の多さ」は重要でないかもしれないと途中で思い始めた。世界中のチームワークを向上させるには、たくさんの人の協力が必要である。しかし、それはサイボウズの社員がたくさんいることとは同義ではない。社員自体は少数であってもよいかもしれない。

実際、世界中に広まったソフトウェアが少人数で開発されているケースは多い。たとえば、Linuxというソフトウェアは、世界中の至るところで使われている。世界中のほとんどのインターネットサービスはLinuxで動いているし、爆発的に普及したモバイルＯＳ「Android」もLinuxのカーネルと呼ばれる中核部分をカスタマイズして使っている。しかし、Linuxのカーネルを開発しているのは、リーナス・トーバルズ氏を中心とするコミュニティだ。そして、Linuxの普及を進めているのはLinux Foundationという非営利の団体である。Linuxは、世界中で使われているにもかかわらず、少人数の団体職員とボランティアがその中心的役割を担っている。本当にそんなことで広がるのか？　実は多数の営利企業がLinuxを使った周辺ビジネスを展開している。大手のＩＴ企業はこぞってLinux Foundationのスポンサーになっている。それにより、世界中が自由にLinuxを活用できる環境が整い、世界標準のソフトウェアになった。企業の枠を越えたエコシステムを作ったのだ。サイボウズも同様の施策を取り、企業規模を拡大せずに少人数でい続けたほうが、世界中で自分たちのグループウェアを使ってもらうには近道かもしれない。

また、１人１人の社員に「より成長」することを求めるのも違和感を持つようになった。多様性を考えれば、成長したい人もいれば、無理をしてまで成長を望まない人もいるだろう。それはそれでよいのではないか。幸福感を失ってまで無理に成長を求める必要があるのか。そもそも人は成長し続けることはできない。すべての人は1年に1歳必ず年を取り、そしていつかは死亡する。にもかかわらず、全メンバーに継続的な成長を求めるのもおかしな話だ。それぞれの人のライフサイクルに合わせて成長すればよい気がしてきた。

そして、社員に「より長く働く」ことを求めるのもどうかと思い始めた。我々は、退職者が相次ぐ暗黒時代を経験してきた。確かに辞めていくメンバーを見るのは辛いが、果してそれは悪いことなのだろうか。私自身、最初に勤めた会社をスムーズに辞めることができたから今がある。それを否定することはできない。今までサイボウズでも数多くの退職者を見てきた。そこには、喜ばしい辞め方も多かった。辞めた後に起業して生き生きと働いていると報告をくれたり、転職先でサイボウズと仕事上の接点ができ、お互いにパートナーとして協業できたりすることもある。辞めてもらってお互い本当によかったと思うケースは少なくない。であれば、「長く働く」ことを掲げる必要はない気がする。

「多様性」だけがなぜ残ったのか。次の時代に求められるもの

結局、最初に決めたこれらの言葉の中で、今でも残っているのは「より多くの人」の第二の意味として考えていた「多様性」だけだった。「多くの社員」「成長する」「長く働く」

という言葉のほうが、一般的な企業経営では良い方針だと認識されているだろう。しかし、経営とは一番関係しそうになく、かつ全社の理想として掲げるほど重要でない気がする「多様性」だけが残った。

なぜ残ったのか。それは、この「多様性」を追求することが、この7年間、楽しいことを引き起こし続けているからだ。山田はこの多様性を追求するにあたり、「100人いれば、100通りの人事制度があってよい」という方針を併せて掲げた。メンバーを大きな塊として考えず、1人1人すべて違う個性ある存在として扱うということだ。

メンバーの多様性を受け入れると決めてから、メンバーは何度も個性的な要求を突きつけてくれた。たとえば、週3日のペースで働きたいとか、他の会社と掛け持ちで働きたいとか、旅行先で働きたいとか、オフィスはないが故郷で働きたいとか、働く時間帯を明け方から昼までにしたいとか、次のボーナスはこの指標を基準にしてほしいとか。もらった要求にすべて応えられたわけではない。かかるコストやリスクを見ながら、グループウェア世界一に向けて効果を期待できることから進めた。まだまだ実現できていないことが多い。しかし、その過程も含めてワクワク感に満ちている。個別のニーズに応えようとすればするほど、社員のモチベーションが高まるのを感じた。

これはいわゆる「ダイバーシティ経営」とはアプローチが違う気がする。ダイバーシティ経営では、現在の自社は画一的で多様性（ダイバーシティ）が欠けていると考えるところから始める。そこで、女性の管理職比率を高めたり、外国人の採用数を増やしたり、英語を公用語にしたりしながら、組織の中に多様性を作り出そうとする。この発想では、「日本人」や「男性」は1つのカテゴリであり、多様性のない塊として扱われる。経営者が意図するダイバーシティの完成形を目指し、号令とともに推し進めるこのやり方には、多様性とは異なる画一性を感じる。

我々の発想では、まずすでに自社に十分ダイバーシティが存在すると考える。今、目の前にいる従業員がそもそも1人1人まったく違う存在だと考え、彼らの個性を制限している障壁を取り除いていく。すでに社員は多様であり、それを一律的な規則で働かせるのをやめるだけである。その結果、今いる社員がより自分らしく働けるようになる。そして、以前は受け入れられなかった人を採用し、活躍の場所を作れるようになる。言葉としては、ダイバーシティよりもインクルージョン（包括性、一体性）に近い。個性を受け入れる力だ。我々のミッションに共感してもらえるならば、毎日働きたい人でも週3日働きたい人でも、会社で働きたい人でも自宅で働きたい人でも、みんな仲間に加えられるのが理想だ。その1人1人が自分のペースに合わせて働けるよう、それぞれの事情にあった制度ができていく。それぞれが生き生きと働き、生き生きと生きる。

我々のインクルージョン力もまだ発展途上である。サイボウズに入社したくても入れない人がたくさんいる。しかし、「サイボウズに入社できなかった」のではない。「サイボウズが受け入れられなかった」のだ。それが我々が目指す多様性のあり方だ。

サイボウズはインクルージョン力が高まるとともに、多様な個性を持つ人が集う会社になってきた。多様な意見が集まるようになってきた。毎日、会社のあちこちで個性がぶつかり合って議論が繰り広げられている。毎日楽しくて仕方がない。面白過ぎる。もっともっと面白くしたい。多様な人たちと一緒に働きたい。いや、人でなくたっていい。動物や植物、宇宙人と働いてもいい。受け入れれば面白くなる。現代において、事業の成長や長期雇用は幸福感に直結するものではなくなっている。次の時代に何が求められるのか。その答えが「多様性」だと考えている。

多様性のマネジメント。100人いれば100通りの人事制度を

では、企業において「多様性」を実現するには、一体どういう視点でマネジメントしていけばよいのだろうか。ある社員が「この四角の枠が多様性の境目ですよね」と言って、

ホワイトボードに四角を描いた。多様性を認めるからと言って、何をやってもよいというわけではない。サイボウズにおいては、「チームワークあふれる社会を創る」というミッションに共感していることが、四角の中に入る必須条件だ。多様性を実現するには、全体の理想に共感している必要がある。自然界に多様な生物が存在しうるのは、どの生物も自然界の掟を守ってきたからだ。これは非常に面白い表現だと思った。

太陽系のような図を想像してもよいだろう。中心にあるのは共通の理想。強く共感している人もいれば、やや共感している人もいるだろう。共感の度合いによって、中心との距離が変わる。人事部門のマネージャーとして活躍する人もいれば、営業担当として活躍する人もいれば、外部スタッフとして協力してくれる人もいれば、社外のパートナーとして、株主として、顧客として、社外の一応援者として、距離をもってサイボウズと接してくれる。これが多様性のイメージである。

マネジメントをするには、この人がどの距離で付き合いたいかを確認しながら、距離に応じた制度を用意しなければならない。今までの会社は、正社員全員に対して同じ制度を適用し、同じ働き方を強要してきたように思う。そして、その要件から少しでもはみ出しそうになれば、社内に置けない人として排除してきたのではないだろうか。

我々の「多様性」の考え方は、その境界をより多段階に、そして多次元にするものだ。

社員にもいろいろいる。社外の人にもいろいろいる。株主にもいろいろいる。正社員にもさまざまな契約形態があってよいだろう。社外の人でも社員と同じような福利厚生を受けられる人がいてもよいだろう。また、時期に応じて関係性が変化してもよいだろう。一度、距離を置き、また戻ってきてもよいだろう。戻ってこなくてもよいだろう。大事なのはミッションに共感し、そこに貢献する活動をしてもらえるかどうかだ。太陽の周りを回り続ける惑星のように、近付いたり離れたり、それぞれの距離感で接してもらえば何も問題はない。

グループウェア世界一を目指すサイボウズをどんな組織にしたいのか。答えは決まった。「多様性」だ。このミッションに共感して集まった1人1人が自分らしくあること。そのために人事制度が足りないなら増やす。100人いれば100通りの人事制度を。1千人になれば1千通りの人事制度を。

社員にお願いしたい個人イズム。答えとなる2つの言葉

いろいろと決まってきた。まずミッション。この組織が目指す共通の理想である。我々は「世界で一番使われるグループウェア・メーカーになる」ことを決意し、「チームワー

クあふれる社会を創る」ことをミッションとして定義した。そして、組織のあり方。サイボウズでは「多様性」を重んじることにした。成長でも長期雇用でもなく「多様性」を選択した。

多様性を重視し、1人1人が自分らしく生き、自分らしく働こう。言葉で書くとシンプルでかっこいい。しかし、実践するのは大変そうだ。今までのやり方から脱皮し、本当に多様化を進められるのだろうか。多様性が高まっても組織の秩序を維持できるだろうか。今まで以上の成果を上げられるだろうか。進めていくには何が必要になるのだろうか。

サイボウズはかつて、パナソニックの創業者である松下幸之助氏が残した「遵奉すべき七精神」を参考に、「サイボウズの五精神」なるものを作っていた。「一芸に秀でる」ことの大切さや、何事にも全力で「ベストを尽くす」ことの大切さ、「人から学ぶ」ことの大切さなどを5つの言葉にまとめたものだ。そして、それらを書道家に大きく書いてもらい、主要な会議室に掲げていた。我々は毎日のようにそれを見ながら、大事なことを教えてもらっていると考えていた。

しかし、多くの理想を切り捨て、「チームワークあふれる社会を創る」というミッションと「多様性」という組織イズムだけを理想に残した現在のサイボウズにとって、その五精神はさほど重要ではないことのように思えていた。たとえば、多様性を重視するならば、「一芸に秀でる」かどうかは個人の自由だ。無理強いするほどのものでもない。また、「ベストを尽くす」も微妙だ。全メンバーが会社でベストを尽くし、燃え尽きた状態で家庭に帰るのを称賛しかねない。「人から学ぶ」も同様に微妙だ。人から学びたい人は学べばよいが、独自の道を突き進み続ける社員がいても面白いかもしれない。多様性を重んじるのであれば、メンバーに押し付ける価値観は最小限であるべきだと考えた。

では、組織に多様性をもたらしながら、かつ秩序を守り、かつ成果を上げていくには、メンバーにどんな個人のイズム（＝あり方）をお願いしていかなければならないのだろうか。この7年の間に、その答えとなる2つの言葉が見えてきた。

公明正大――
多様性のある組織に必要なもの

私たちが到達した1つの答えは「公明正大」だった。シンプルに表現すると、「嘘をつかない」ということだ。多様性のためになぜ公明正大が必要になるのか。

多様性を受け入れるということは、まったく違う環境で育ち、まったく違う経験をしてきた人たちを受け入れるということだ。金太郎飴の反対だ。飴を切るたびにまったく違う模様が出てくるような組織だ。そんな「違う」人たちが協力して働く。チームでワークする。まず、せめて嘘はやめよう。無駄にややこしくなる。そして「公明正大」という言葉が社内に広まった。

実は、最初は「誠実」という言葉を掲げていた。しかし、誠実を実現することは、事実上不可能だと考えるようになった。誠実という言葉には、道徳的なニュアンスが含まれる。真摯に謝罪する態度であったり、相手のことを思いやる姿勢だったり、そういうところから人は誠実さを感じる。つまり、誠実を体現するには、道徳的な正しさが求められる。ところが、道徳的な正しさは定義が難しいのだ。

「ウサギとカメ」というイソップ童話がある。日本においては、「怠けたウサギが悪く、コツコツ頑張ったカメが偉い」と教えられる。ところが、国によっては「ウサギを起こさなかったカメは卑怯だ」となるらしい。言われてみればそんな気もしてくる。世界は多様だ。「アリとキリギリス」も同様らしい。「キリギリスに優しくしないアリはひどい」となるらしい。正しい道徳は１つではないのだ。

我々の仕事においても同じことが言える。たとえば、我々はときどき、お金を払えない顧客からサポートを求められることがある。対価をもらえないなら基本的には断るべきだろう。そうしなければ、きちんとお金を払っている顧客に申し訳が立たない。しかし、今までその顧客にお世話になった歴史があるかもしれない。今後の長いお付き合いを考えれば、今回は特別対応で無償サポートを提供したほうがよいのかもしれない。断るのが誠実か、無償でサポートするのが誠実か、答えはわからない。「誠実に対応せよ」という指示は、実は曖昧なのだ。多様性のある組織においては、何が誠実で何が誠実ではないか個々人で意見が違うことになる。多様性を追求するサイボウズで、「誠実」を共通の理想に掲げることは難しい。

しかし、誠実ではなく「正直」であることは共通の理想にできることに気付いた。嘘はやめようということだ。見てもないのに見たと言う。やってもないのにやったと言う。それを嘘と呼び、嘘はやめようという方針であれば、道徳観の差を気にしなくてよい。

先ほどの例で言えば、無償でサポートすることが誠実かどうかはわからない。しかし、「私はこういう判断をして、無償サポートをしました／しませんでした」と正直に話してもらうことはできる。正直に話してもらえれば、それを題材に議論し、社内でルール化することができる。こっそり陰で活動されるほうが困る。誠実な対応が何かはわからないが、正直に話してくださいという文化を醸成することのほうが大事そうだ。

その後、正直過ぎても困ることに気付いた。私は長男とバスに乗っているとき、「おばあちゃん、顔がしわしわだね」と言い出して焦ったことがある。子供であれば許されるかもしれない。しかし、大人には正直に話せないときもある。具体的には、プライバシー情報とインサイダー情報だ。たとえば、会社に電話がかかってきても、メンバーの名前すら教えられないことがある。名前を教えるのは、プライバシー性の高い個人情報を流出させることだからだ。また、サイボウズの売上や利益などの決算情報は、サイボウズの社員であれば、発表する前からだいたいわかっている。しかし、これはインサイダー情報であり、悪用すれば逮捕されかねない。また、ソフトウェア企業である我々にとっては、ソフトウェアのセキュリティに関わる脆弱性の情報も正直に話しづらい。十分な対策や事前準備がなされないまま脆弱性の情報を公開すると、多くの企業の被害を招きかねない。プライバシー情報やインサイダー情報は、どの情報を誰に伝えるかによって、他人に多大な迷惑がかかる場合がある。よって、正直に答えられない場合があることを受け入れなければならない。

そこで、「正直」ではなく「公明正大」という言葉に落ち着いた。公明正大とは、「公」に「明」らかになったとき、「正」しいと、「大」きな声で言えること。これが公明正大だ。サイボウズにおける公明正大とは、すべての情報を公開することではない。いつ誰にどの情報を公開するか基準を決め、それに従って嘘偽りなく情報を伝えていくことである。これなら共通の理想にできそうだ。

人間は弱い生き物だ。少しでも良く見られたい。自分の立場を危うくするものは見せたくない。それは人間の本能的な欲求だ。私にも多分にある。だから嘘をつく。しかし、多様な人たちが力を合わせていくには、公明正大のルールは守っていきたい。どれだけスキルが高い者であったとしても、嘘をつかれるとその人の言葉を信じられなくなる。組織に多様性が増せば増すほど、互いの背景や経緯を理解し合うのが難しくなる。事実を嘘偽りなく情報交換できるようにしないと、互いの信頼関係が崩れ、多様性がかえって仇になる。

「嘘をつかない」という方針は、簡単そうに聞こえるかもしれない。しかし、徹底するのは難しい。小さな嘘ですら許さない。出張旅費を精算するとき、交際費を申請するとき、自分が知らないことを聞かれたとき、遅刻をしてその理由を説明するとき。組織で仕事をするときは、嘘をつく機会にあふれている。徹底しなければ、多様性ある組織で信頼関係を維持するのが困難になる。今や、一社員の嘘が原因で、会社が吹っ飛ぶこともある時代だ。組織における公明正大さの重要性は、時代的にも高まっている。

この7年の間に、サイボウズの社内でも数々の嘘が見つかった。その度ごとに公明正大を徹底できない自分たちと向き合ってきた。私自身、嘘をつきたくなる事態に直面し、苦しんできた。公明正大さを追求する活動に終わりはない。今後も悩みながら向き合っていこう。

苦しみも多いが、喜びも多い。私自身が公明正大になればなるほど、メンバーも公明正大に返してくれる。組織の中の嘘が減っていくと、そこには何とも言えない安心感、幸福感が漂うことに気付いた。何しろ嘘をつかれる心配がないのだ。自分自身も嘘で自分の身をガードする必要がない。全メンバーが体験した事実が、そのまま嘘のない事実として広く共有される。この公明正大感は何にも代えがたい心地良さを与えてくれる。多様性のある組織には公明正大が必要だ。心からそう思う。

自立——「100人いれば100通り」の前提条件

組織に多様性を持たせるための2つ目の言葉は「自立」だ。

この7年間、メンバーのニーズに合わせてさまざまな人事制度を作ってきた。そして、メンバーからのフィードバックをもとに、制度を改変したり廃止したりしてきた。山田が掲げる「100人いれば100通りの人事制度」のビジョンは、メンバーに働きやすい環境を生み出し、離職率の低下に貢献した。

しかし、このビジョンの実現には前提条件が必要であることにも気付いた。それは「1

人1人が自分の理想を言葉にして伝えられること」だ。自分が望む働き方や人事制度を伝えられなければ、組織としてそれに応えることはできない。なにしろ多様な価値観を持つメンバーが集まっているのだ。自分がどうしたいのかを教えてくれなければ、周囲が気付くことは難しい。これが「自立」という言葉にたどり着いた背景だ。

多様性のある組織においては、護送船団方式で従業員を幸せにすることができない。たとえば、従業員のためを思って大きな社宅を用意したとしても、そんなもの要らないという人が出てくる。これが多様性だ。多様性のある組織においては、多くの従業員を対象とした施策の効果は薄くなる。もし、従業員の住居を組織として支援するのであれば、1人1人が「自分はどこに住みたい」のかを意思表明してもらわなければ、施策を議論することすら難しい。

また、多様な意見を集め、議論して意思決定するのは簡単ではない。メンバーが多様であればあるほど、意見は分散しやすくなる。共通部分を見つけるのは難しい。しかし、意思決定をしなければ何も進まない。大半の意見をバッサリ切り捨てて課題を設定することになる。何をどう決めても全員から褒められることはない。多様性のある組織なのだから仕方がない。「こう考えて、こう意思決定しました」と説明するしかない。

サイボウズでは、そのことを「質問責任」と「説明責任」という言葉で表現している。

質問責任とは、自分が気になったことを質問する責任であり、自分の理想を伝える責任であり、その結果、自分の理想が叶わなかったとしても受け入れる責任である。説明責任とは、自分が行なった意思決定について説明する責任であり、他のメンバーからの質問に答える責任であり、その結果、批判があっても受け入れる責任である。

多様性のある組織で幸福に働くには、この自立マインドが必要だと考えている。多様性があるのだから、自分の要求が通らなくて当たり前だ。それぞれのメンバーがそれぞれの理想を持っている。その理想は、自らの行動によって実現していく。そのことにメンバー1人1人が自覚と責任を持つ。それが、多様性のある組織が成果を上げる条件だと考える。

自立という言葉は、自分で立つと書く。自分で選択し、自分で責任を取る覚悟だ。あっちのプロジェクトに移りたいと言っても移れるとは限らないし、給料を上げてほしいと言っても上がるとは限らない。自分の理想が満たされないときにどうするか。それでもしつこく要求を続けていくもよし、他の手段で再度チャレンジするもよし、あきらめるもよし、退社して別の環境で実現を目指すもよし。次の行動を自ら意思決定して選択して進んでいく。これが自立した個人のイメージである。

言い換えると、自立とは、人のせいにしないことだ。私はメンバーに「サイボウズのことを酒場で愚痴るのは卑怯だ」と伝えている。問題があるなら上司に言ってくれ。上司が動かないなら、その上の上司に言ってくれ。最終的には私に言ってくれ。それでも変わらないかもしれないが、質問することから逃げないでほしい。それが質問責任を果たすということだ。多様性があるのだから、伝える努力なくして自分の思い通りに動いてくれるわけがない。

昭和型の日本企業においては、製品・サービスの均質的なレベルアップを図るため、社員に規律を求め、一律に扱うことが多かったように思う。その結果、社員は自立心を失い、企業にぶら下がるマインドを生み出した。会社の方針に大きな問題を感じたとしても、経営者に掛け合って議論をする人は少ない。酒場で自社の古い人事制度について愚痴ることになる。

多様性のある組織は、決して甘い環境ではない。むしろ厳しいと思っている。自分が問題を感じても、周囲が同じように感じるとは限らない。多様性があるからだ。すると、いつまで待っても改善されないかもしれない。自分がどのように働きたいのか、そこから何を得たいのか、自問自答し、答えを見つけ出し、言葉に表現し、周囲の心を動かしていかなければならない。

今まで私は比較的自分勝手に生きることができた。やりたいようにやらせてもらってきた。このことは私にとってとても居心地がよかった。自分らしくいられるからだ。しかし、今後もそのような私であり続けたいのであれば、私は周囲に対して公明正大でなければならない。かつ自立した自分でいなければならない。私という個性を残したまま組織で受け入れてもらうためには、その２つの要素が必要だと考えている。

長年、多様性について議論と実践を重ねる中で、私たちが個人に要求するイズムも徐々に見えてきた。それは「感謝」でも「努力」でも「誠意」でも「変化」でも「進歩」でも「協調」でもない。多様性を維持し向上させていくには、「公明正大」と「自立」が必要。嘘をつかないことと、人のせいにしないこと。簡単そうで難しいテーマである。

第3章

会社のインフラを作る

衝撃的な発見。「事実」と「解釈」は別物である

全社共通の理想は決まった。やるべきことをミッションで明文化し、組織のあり方と個人のあり方を決めた。果たして次に何が必要だろうか。

私が大きな問題だと感じていたもの、それは「社内の議論が建設的でない」ということだった。議論をするとき、私と意見が合わないのは別にかまわないし、むしろ面白いことも多い。これぞ多様性のある組織の醍醐味だ。しかし、噛み合わない議論を延々と繰り返すのは我慢できない。長時間議論した挙句、何も決まらないこともある。その時間は何も生まない無駄な時間だ。声が大きい人の意見が何となく採用されてしまい、後で余計なコストがかかることも多い。ロジカルに議論できていれば、そうはならなかっただろう。多様な人間が集まれば、多様な意見があって当然だ。多様な意見を上手に引き出しながら、建設的に議論する組織を創るには、何が必要だろうか。

当時の私は、自分のマネジメント力に自信が持てず、さまざまな社外の研修に参加していた。その中の1つの研修で、こういうことを教わった。

「『事実』と『解釈』は別物である。実際に起こったことが事実で、それを見て思ったことが解釈。たいていの場合、事実は大したことはない。解釈を付け加えることで、人は感情的になってしまう」

　これは私にとって衝撃的な発見だった。私も批判されるとよく感情的になるが、事実は「Aさんに○○と言われた」だけである。私がさまざまな意味を付けて解釈するから腹が立つのである。社内でも同じことが起きていた。ある営業メンバーのこんな発言から社内が混乱したことを思い出した。「最近、製品の評判が落ちている。営業部はみんなそう思っている」。

　よく読んでみると、この発言には事実の要素がない。「評判が落ちている」というのは、この人が思った解釈だが、ここでは裏付けとなる根拠は示されていない。そして、本当に「みんなそう思っている」のだろうか。「みんな」というからには数十人の営業メンバー全員が思っている、ということになる。にわかには信じがたい。つまり、自分の意見を通したいがために「評判が落ちている」とか「みんなそう思っている」とか、事実ではない言葉を巧みに使い、感情的に相手を抑え込もうとしているのだ。こういう発言が飛び交う会社で、建設的な議論などできるはずがない。

人が多様化すれば、解釈も多様化する。意見が噛み合わない状況はむしろ増えるだろう。事実を共有できる会社にしなければ、議論のコストが上がってしまう。事実と解釈を区別して扱える会社にしよう。

そこで、以下のように言葉を定義した。

事実：五感で確認できる確かさの高い情報
解釈：事実を得て考えた情報

人は、視覚、聴覚、触覚、味覚、嗅覚の五感によって情報を得る。それ以外から情報を得ることはない。その五感で得た情報をそのまま表現したものが事実である。そして、その情報を基にして考えたことが解釈である。

たとえば、「室温計が30度を示している」。これは事実。視覚から得た情報をそのまま表現している。「部屋が暑い」。これはその人が考えた解釈。「顧客のAさんが『もうお宅の製品は買わない』と言った」。これは事実。「顧客が怒っている」。これは解釈。このように、情報を社内でやり取りするときに、事実と解釈を区別して伝えることをルール化しようと考えた。

事実は人を通じて解釈になる

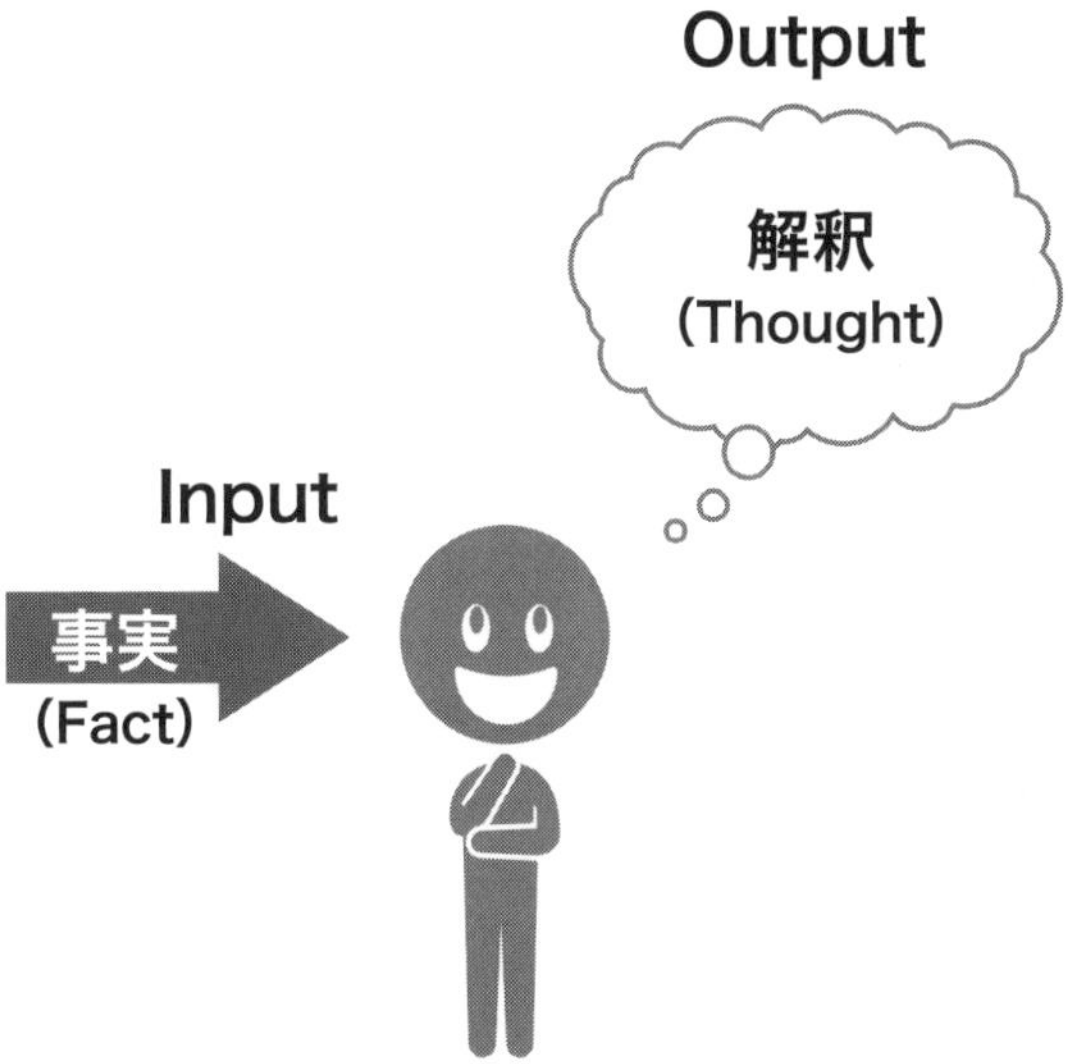

「事実」を Input し、

「解釈」が Output される。

事実は共感しやすい。見たことや聞いたこと、そのままの情報だから、誰が得ても同じ情報になり、納得し合える。「室温計が30度を指しているよね」「確かに30度を指しているね」という具合である。ここで意見が割れることはまずない。しかし解釈は違う。「暑いよね。クーラー入れない？」「えっ、むしろ涼しいくらいだけど」という具合だ。解釈は人によって異なる。これを「いや、明らかに暑い」とか「みんな暑いと思っている」とか言い始めるからややこしくなる。「明らか」という言葉は解釈につけるべきではない。「みんな思っている」などという表現は、すでに嘘の領域だ。こういう発言を会社の中から排除しよう。

事実と解釈を切り離して考えることで、感情的になることなく冷静に議論して判断できる。たとえば、顧客が「もうお宅の製品は買わない」と言った事実があったとしても、「この顧客はもう我々の製品を買わない」と解釈する必然性はない。顧客はそういう言葉を発しただけだ。実は、我々のためを思って叱咤激励しているだけかもしれない。値段交渉の手段としてプレッシャーをかけているのかもしれない。複数の解釈が可能であると理解し、どの解釈が適切か裏付けを探っていくことで、精緻な状況理解と判断につなげることができる。

「事実」と「解釈」の使い分けの浸透。不毛な議論からの脱却

事実と解釈の言葉の定義と使い方については、社内で繰り返し研修を行なった。私自身、普段から事実と解釈を切り分けて、社内に情報を発信するよう心掛けた。その結果、面白いことが起きた。これらの言葉がネタとして流行ったのだ。「お前の机、汚いね」「それはあなたの解釈です（笑）」とか、「あなたの成果は素晴らしいですね。あくまでも私の解釈ですが（笑）」とか、社内で妙な流行を見せた。これは大変助かった。事実と解釈の使い分けは、比較的早く社内に浸透した。

その結果、事実を確認する習慣が身に付きつつある。「たくさん売れました」とか「反響が大きかった」とか、社内で解釈だけの報告が出されると、周囲のメンバーは事実を確認するようになった。報告するときも、実際の定量的な数字を挙げたり、具体的な事例を詳細に表現したり、事実を上手に伝えられるようになってきた。それにより、つかみどころのないモヤモヤとした議論が社内から減った。

反面、「解釈」という言葉を使って議論を避けるケースが出てきた。たとえば、自分の仕事の至らなさについて指摘されたとき、「それはあなたの解釈でしょう！」と反論する

ことが起きた。恥ずかしながら、私自身が何度もこれをやった。指摘された内容は、確かに相手の解釈かもしれないが、他の人からの指摘を真摯に受け止めるのが説明責任を果たす姿だ。言い返してしまった自分に気まずさを感じた。これを何度も経験しているうちに、自然と言わなくなっていった。

解釈は人によって異なるため、事実を共有しなければ共通認識を持つのが難しい。しかし、解釈するのは悪いことではない。解釈することは、自分の個性の表現である。自分の理想、自分の意欲の表現である。考えて新しい仮説を立てることである。どの事実をどのように解釈するかで、その後の行動は大きく変わる。行動が変われば未来が変わる。解釈は素晴らしいものである。

事実と解釈を使い分けるスキルが高まると、危機時にも機能するとわかった。大きなトラブルが発生すると、さまざまな人の頭の中にさまざまな解釈が渦巻き、落ち着いて対処することが難しくなる。そのときは、まず互いに「事実は何?」と問いかけ、五感で確認できる確かな情報を集めることに集中する。事実を並べていくと、どれくらいのサイズの問題がどれくらいの範囲で起きているかを共通認識にできる。後は、できることに粛々と取り組んでいくしかない。たいていの場合、混乱するほどのことは起きていない。

事実と解釈を区別できるようになると、私自身にも大きな変化があった。世の中の見方が変わったのだ。それまでは、世の中には絶対的に良いものと悪いものがあると思っていた。たとえば、平和は良いもの、戦争は悪いもの、といった具合だ。しかし、事実と解釈の区別に基づいて考えれば、絶対的に良いものや悪いものなど、そもそも存在しない。良い、悪いは、ある人間によって下された解釈なのだ。「これは良い」という表現は正しくなく、「これは良いと私は思う」という表現が正しい。「良いと思う」人が多ければ、それが世の中の多数派の意見になる。しかし、それは絶対的に「良い」ということではない。

仕事をしているときにも、あれは良い、これは悪いといった議論がたびたび発生する。この気付きによって、この不毛な議論から抜け出すことに成功した。多様性を重視する組織においては、事実だけが正しい。事実と解釈を区別しながら建設的に議論ができるようになれば、組織はスムーズに活動を進められる。

サイボウズ式「問題解決メソッド」。議論は共通のフレームワークで

事実と解釈を区別できるようになれば、噛み合う議論に向けて一歩前進だ。次は、もう一歩踏み込んで、議論をするときに使う共通のフレームワークを制定した。

サイボウズ式・問題解決メソッド

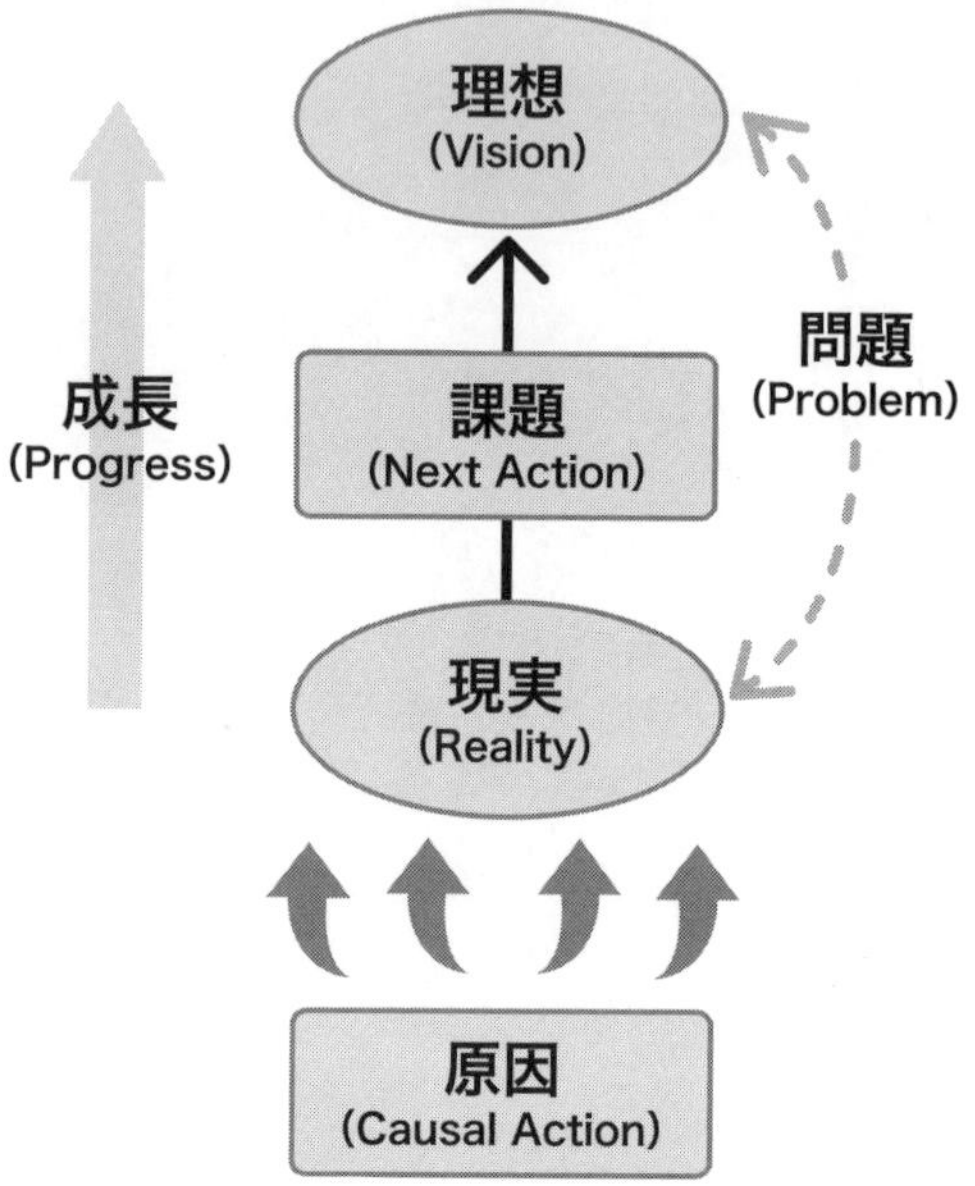

❶「問題」を発見する

❷「問題」を認識する ▶

	解釈	事実
理想		
現実		

❸「原因」を検討する ▶「現実」の「事実」を引き起こした「原因（人の行動）」を探求

❹「課題」を設定する ▶「原因」に対応する「課題」を設定

それがサイボウズ式・問題解決メソッドだ。まず、「問題」とは「理想と現実のギャップ（差）」だと定義する。現実が理想と異なることが問題である。そして、その問題を解決する、すなわち理想と現実の差をなくすために、メンバー同士で議論をする。そのとき、このフレームワークに沿って自分の意見を述べなければならない。

たとえば、自分たちのソフトウェア製品の品質について問題を感じたとき、このフレームワークを使うと、次のように議論できる。

現実は、「不具合が多い」状態
原因は、「不具合を出した」から
理想は、「不具合が少ない」状態
課題は、「不具合を減らす」こと

まずは、このように分解できる。ここが大事なポイントである。問題は4要素に分解して考えていけるのだ。分解すれば、それぞれの要素について意見交換を開始できる。

まず、「現実」について事実を洗い出し、「不具合が多い」というのがどういう状態かを共通認識とする。次に、「原因」として何が考えられ、どの原因がどのくらい影響を与えていそうか因果関係を突き止める。次は、「理想」がどういう状態であり、メンバーが共に望んでいる理想かどうかを確認する。最後に、「課題」として何ができるかを挙げ、コスト対効果が高い施策を比較検討して選ぶ。後は、課題を実行する。ロジカルである。

「原因」は無限に存在する。不具合が発生したのは、担当するプログラマーがプログラムを「書いた」からであり、プログラムを書くと「決めた」からでもあり、プログラムを書く仕事を「選んだ」からでもある。過去のすべての行動は、現実につながっている。だから、すべての原因を挙げることは目指さない。ロジックツリーなどを使って原因を分解しながら、現実を引き起こした因果関係についての理解を深めることが重要である。

「理想」も無限に存在する。人によって理想は違う。「不具合をゼロにする」ことも理想となりうるし、「重要な不具合をゼロにする」ことも理想となりうるし、「不具合を出しても顧客に迷惑がかからない」ことも理想となりうる。組織に多様性があれば、理想も違って当然だ。重要なのは、メンバー同士でどの理想を目指すのかを絞ることだ。目指す理想が違っていれば、おのずと課題は違ってくる。チームワークを進めるためには、チームで目指す理想を絞り、固定しなければならない。

「理想」と「課題」を決めるのはチームリーダーの仕事だ。多数決で決めてもよいが、多数決で決めるべき事案であるかどうかを誰かが判断しなければならない。それを含めて、リーダーの仕事だ。リーダーが決め、他のメンバーは従う。これがチームでの意思決定における役割分担である。

このフレームワークを使った議論の手法を「問題解決メソッド」と呼ぶことにした。問題解決メソッドは、よくコンサルタントが使う問題解決のフレームワークと大差ない。重要なのは、全社標準のフレームワークとして、全社員が使うことを徹底したことだ。効率的に議論するには、共通のフレームワークが必要だ。多様性のある組織を維持するために、私が社員に強《し》いている手段の1つである。

このメソッドのポイントは、原因と課題は「行動」だと定義したことだ。行動によって現実が引き起こされ、行動によって理想を引き起こすという見方だ。行動に着目することで、外部の変化にとらわれず、自分たちの行動の見直しが進む。行動ではない現象は議論の対象から外すことができる。

たとえば、不景気になって売上が下がったとする。この原因を議論するとき、「不景気になったから」とはならない。原因となる自分たちの行動は何だったかを探求する。すると、「不景気になるのを予測できなかったから」とか、「不景気に対して施策を打たなかったから」とか、自分たちの行動に目がいくようになる。すると具体的な課題を設定できる。

どのような理想を掲げたところで、行動しなければ理想が実現する可能性は低い。具体的な人の行動に着目することが大事だ。

この問題解決メソッドは、中国やベトナムのメンバーにも教育している。理想は「Vision」、現実は「Reality」、原因は「Causal Action」、課題は「Next Action」と英訳している。最近は日本のメンバーでも、課題を「ネクストアクション」と英語で呼ぶ人が増えた。次の行動こそが未来を創る。そのことに国の違いはない。

その他の言葉も定義する。「成功」と「失敗」、「振り返り」、「不満」など

問題解決メソッドのフレームワークを決めたことで、その他にもよく仕事で使われる言葉が定義できるようになった。

たとえば、「成功」と「失敗」。これらは、

成功：目標を達成した
失敗：目標を達成できなかった

と定義できた。超シンプルだ。

仕事をしていると、よく「あの施策は失敗だ」とか「次につながったから失敗ではない」とか、不毛な議論を繰り返す。事前に立てた目標を達成していたら成功、達成しなかったら失敗。それだけのことである。

人は、成功は良いもの、失敗は悪いものだと考えがちである。しかし、この定義に基づいて考えると、そうとも言えない。失敗したのは、目標が高過ぎただけかもしれない。成功したのは、目標が低かっただけかもしれない。高い目標を立てて果敢にチャレンジしたが目標まで届かなかったケースと、低い目標を立てたおかげで目標を達成したケースとでは、どちらが良いだろうか？

所詮、成功や失敗は、掲げた目標に対する結果の相対的な位置を表現しているに過ぎない。あれは成功だとか失敗だとか議論するのは時間の無駄である。だからそんなことを気にせず、やるべき課題に集中しよう。これからは成功や失敗という言葉に惑わされる必要はない。

私はＩＴ業界誌のインタビューを受けるとき、よく「サイボウズが成功した理由は何ですか？」と聞かれて困ることがある。現時点でサイボウズが成功しているとはまったく思えない。この違和感も、言葉の定義から考えると整理がつく。サイボウズにおける究極の成功の定義は「世界で一番使われるグループウェア・メーカーになる」ことだから、インタビュアーが考えている成功とずれが発生しているだけのことだ。目標が違えば、成功か失敗か、どちらに属するかが変わる。相対的なものでしかない。

「振り返り」についても考えた。チームワークをしていると、「振り返り」をする機会がたびたびある。プロジェクトが一区切りついたとき、四半期が終わったとき、トラブルが発生したときなどである。振り返りとは、どのような活動であるべきか。問題解決メソッドから考えれば、明確に定義できる。

「振り返り」の場では、何をしてどのような結果になったかが共有される。つまり、原因となる過去の行動と、結果としての現実を共通認識とすることである。ただし、これだけでは次の改善につながらない。できれば、新たな問題を発見し、次の理想と課題を設定するところまで踏み込みたい。そうすれば、具体的な課題によって、現実は理想に近付いていく。これが「振り返り」活動のあるべき姿だろう。行動だけが未来を創る。

ネガティブな言葉にも向き合った。誰しも職場に「不満」を抱えているものだ。これは良いことか、悪いことか。これも問題解決メソッドを使えば、論理的に説明できる。不満がある状態というのは、理想と現実にギャップがあるということだ。そう考えると、不満がある状態は決して悪い状態ではない。言い換えるならば、現状に甘んじることなく次の理想を持っている状態だといえる。不満を持っている社員というのは、これからの発展を推進してくれる可能性を秘めた社員であるということだ。自分のことを考えてみてもそう思う。私自身、常に不満を持っている。どうしてサイボウズはグループウェア世界一じゃないのか。どうしてこの程度のチームワークしかできないのか。常日頃から不満を持っているから改善する意欲が湧く。不満を単に感情的に発信するのではなく、新たな問題提起や共感できる理想の提示につなげれば、不満を持つ人は組織に対してリーダーシップを発揮できる。

仕事をしていると、「がっかり」したり、「腹が立ったり」することもある。これも問題解決メソッドを使えば論理的に説明できる。人ががっかりしたり腹が立ったりするのは、理想と現実の大きな差に直面したときだ。期待していたのに、期待とかけ離れた現実がある。そんなとき、人は感情を揺さぶられる。しかし、現実と理想に大きな差が生まれたのであれば、そこには必ず原因が存在する。その原因をあらかじめ認識し、この結果を事前に予知していたら、悲しむことも怒ることもなかったはずだ。この構図を理解すれば、次にやることはシンプルである。なぜこの結果になったのか。なぜこの結果を予測できなかったのか。そして、次の課題を設定して取り組む。感情的になる必要はまったくない。

社内で議論をするときに使う共通のフレームワークを制定したことで、議論が着実に進むようになってきた。人は優れた議論のことを「建設的だ」と呼ぶ。建設的な議論というのは、レンガのブロックを1つひとつ丁寧に積み重ねていくかのごとく、個々の事実を確認し、互いの理想を知り、共通の理想を定め、そのための課題を設定していく地道な作業だ。もちろん時間がかかる。ただ、互いの理解を深めることで、新しい学びを得られる。これはとても楽しいことだ。多様性のある組織においては、建設的な議論が必要で、そのためのフレームワークは強力な道具だと考えている。

問題の「範囲」の確認も必要だ。「理想マップ」というフレームワーク

社内で問題解決メソッドを使って議論していくと、問題の「範囲（スコープ）」を決めておかないと議論しづらいことがわかってきた。問題とは、理想と現実の差である。現実は現在の事象だからピンポイントで決まる。しかし、理想は遠くにも近くにも置くことができる。たとえば、トラブルが発生したとする。この問題を扱うとき、「明日までにでき

ること」を議論するのか、「来週までにできること」を議論するのか、「中期的な再発防止策」を議論するのかによって、話し合う内容が違ってくる。

スムーズに議論するには、扱う問題の範囲をあらかじめ合わせておく必要がある。その認識がずれた状態で議論を進めると、結論の出ない泥沼の展開が待っている。そこで、問題の「範囲」を確認し合うためのメソッドが必要だと考え、「理想マップ」なるフレームワークを編み出した。

理想マップは、対象とする組織の範囲を表す縦軸と、実現時期を表す横軸に沿って、理想をマッピングする手法である。議論を開始する前に、理想マップ上に自分の理想をポイントすることで、自分が扱いたい問題がどのくらいの範囲のものか認識を合わせられる。

たとえば、もっと売上を増やしたいと思い、議論を始めるとする。そのとき、自分が所属する営業チームでできることを考えるのか、営業部全体でできることを考えるのか、全社的にできることを考えるのか。それが縦軸。今月の売上を増やすのか、来年の売上を伸ばすのか、5年後の売上を伸ばすのか。それが横軸。

自分たちが解決しようとする問題の範囲を定めてから議論を開始することで、スムーズに議論できるようになる。

「理想マップ」の効果と使い方。遠い理想と5分後の作業を結びつける

大きなトラブルが発生すると、たいていの場合、素早い対応を求められる。理想マップで表現すると、横軸が「今日」や「今週中」の議論になる。これをサイボウズでは「ド短期」と呼んでいる。すぐに実行できる課題を見つけるための議論だ。被害が今以上に広がらないための手段や、応急処置的に復旧する方法について話し合う。まずは、このド短期の議論に集中し、迅速な対応を進めていく。

しかし、それだけでは不十分だ。同じトラブルを繰り返すリスクがある。再発を防ぐとなると、発生したトラブルを検証し、原因や再発防止策を探究していかなければならない。そのときは、理想マップの横軸が、数週間から1年くらいになるかもしれない。さらに、より根本的な原因から取り除きたいとなると、理想マップの横軸は数年もしくはそれ以上になるかもしれない。

私がファシリテートする会議では、ややこしい議論を開始する前に、「ド短期の議論からやる？　それとも、短期？　中期？　長期？」と問題の範囲を確認することを心がけている。そうすれば、扱う問題の期間について認識が揃うので、建設的に議論を進められる。

サイボウズ式・理想マップの例

時期の範囲

組織の範囲

	１年後	3年後	5年後	10年後	30年後
会社					
本部					
⋮					
個人					

組織の範囲を表す縦軸も重要だ。言い換えると、誰がその問題解決に参加するかを定義する。たとえば、今年の売上をあと1千万円増やしたいと考えたとき、営業部だけで何とかするのか、マーケティング部にも手伝ってもらうのか、開発部の協力まで期待していいのかで、設定できる課題は異なる。

よくあるのは、今いるメンバーだけでなんとかしようとするケース。1つ視点を上げて問題を定義すれば、他の部門を巻き込んで大きな活動ができるのにもったいない。こういうとき、リーダーは理想マップの縦軸を伸ばして問題の範囲を広げ、部を横断する会議体に問題を提起すれば、より多くの協力者を得られるかもしれない。議論や調整を避けていては大きな仕事はできない。

また、組織の範囲を定義すると、会議の効率を上げられる。誰が参加すべきか明確になるからだ。会議の出席者が多い割に、直接関係のない問題を扱っていないだろうか。もしくは、その場で議論して意思決定できるメンバーが不参加ではないだろうか。それは扱っている問題の範囲と、会議の出席者がずれているということだ。理想マップを用いて扱う問題の範囲を明確にすれば、誰が参加すべきかはっきりし、生産性の低い会議を減らせる。

理想マップを使う習慣ができると、自分の理想がより広い範囲の理想とつながっているかどうかを確認できる。たとえばサイボウズの場合、サイボウズのメンバー全員で30年後までに達成したい理想として、「世界で一番使われるグループウェア・メーカーになる」という言葉を置いている。

それは遠い理想だ。そこに到達するためには、その手前にある理想を１つずつクリアしていかなければならない。世界の前に日本でどうあるべきか。会社全体の前に、開発本部としてどうあるべきか。ひいては、自分はどうあるべきか。30年後、10年後、１年後、明日、今日。

遠い理想はいきなり達成することはできない。目の前にある、１つひとつの課題を実行し、現実を少しずつ遠い理想に近付けていく。一気に進める魔法はない。気が遠くなるような長い道のりではあるが、理想マップを書いてみることで、つながりが見える。着実に近付くことができれば、楽しい道のりだと感じるかもしれない。

ドラッカーの本の中に、３人の石切り工の話が出てくる。「何をしているのか」と尋ねたら、３人はそれぞれ「暮らしを立てている」「石切りの仕事をしている」「大寺院をつくっている」と答えたという話だ。どれも正しい答えであるが、どの範囲で理想を定義しているかで答えは変わってくる。

以前、私が書いた本の中で、「大きな夢を持てなくても、５分後の理想を考えて行動しよう」と提案した。遠い未来も、5分後の未来の積み重ねである。これからの5分で何を実現したいのか、その小さな目的意識が積み重なって大きな未来を作る。理想マップはそのことを教えてくれる。

理想を定性的に表現したい。「コンセプト」というフレームワーク

理想というものの範囲を決めて語れるようになったのはよいが、そもそも理想についての表現のばらつきが気になるようになった。自分が考えている理想をメンバーに伝え、理解を得られてはじめて議論が成立する。

たとえば、次期製品にある機能を搭載したいと考えたとする。その目的を周囲に伝え、理解と協力を求めていかなければならない。我々はこの機能の必要性について、たとえばこのような伝え方をする。「操作が簡単になります」「高齢者層の開拓につながります」「競合との差別化を図れます」「販売店がかねてより期待していた機能です」などなど。1つひとつの意味はわかるが、すっきりしない。あれこれ言われて誤魔化された気がするかもしれない。構造的に整理されていないので、どれが重要なのかもわからない。

理想を定量的に「目標」として表現すれば、認識を合わせやすくなる。目標は、「来期

の製品Aの売上金額を10億円にする」のように、どの指標が、いつまでに、どれくらいになっていればよいかを示す。こうすれば、大きく認識がずれることはない。明確だ。しかし、定量化にこだわり過ぎると、測定しやすい指標を追いがちになり、そもそも果たしたかった目的と乖離するリスクがある。また、その目標がメンバーの共感を呼び、やる気を引き起こしてくれるとは限らない。多様性のある組織において、明確な目標は重要だが、効果は限定的だと考えなければならない。ドラッカーは「社会的な事象のなかで真に意味のあるものは定量化になじまない」という言葉を残している。

そこで、理想を定性的に表現するフレームワークを作れないかと考えた。理想の表現が上手になれば、組織の多様性が高くても、相互の理解がスムーズに進み、チームワークが向上するはずだ。

行き着いたのが「コンセプト」というキーワードである。直訳すると、「概念、観念、発想、意図、テーマ」となる。確かに理想を定性的に表現したいときに使うのが「コンセプト」だ。しかし、フレームワーク化されていないので、人によって表現がばらつく。「使いやすい」とか、「安らぎ」とか、「定番感」とか。意味はわかるが、ピンとこない。

いろいろと本を調べたり考えたりした結果、２つの要素が必要だと理解した。１つ目は

「誰」。2つ目は「何」。マーケティング分野では、ターゲットとバリューとも言われる。その2つの要素を以下のマンガの吹き出し図のように表現することを考えた。

コンセプトとは「誰」に「何」と言わせたいか。

まず、「誰」が決まらないと認識がずれやすい。たとえば、「使いやすい」というコンセプトを打ち出したとしても、使いやすさは人によって違う。初心者にとっての使いやすさは、最低限のことを迷わずにできることになるだろうが、上級者にとっての使いやすさは、複雑なことが最小ステップでできることだったりする。コンセプトの表現にはまず「誰」が必要であろう。

次は「何」。つまり、どんな価値を提供するかを表現しなければならない。通常は「使いやすい」とか「安らぎ」とか「定番感」といった言葉を選びがちだ。しかし、それらはどこかで聞いたことがある、よくある言葉に思えてくる。新鮮味がない。聞いた人のハートに響かない。また、これらの抽象的な言葉は解釈の相違を生みやすい。より具体的で、より共感できる理想の言葉を使わなければ、多様性のある組織においては共通認識にできないリスクが高まる。

そこで、漫画のように吹き出しで表現してはどうかと思いついた。「使いやすい」では

サイボウズ式・コンセプトの表現法

【Concept】

「誰に」＝ Target

「何を言わせるか」＝ Value

理想とする「A」と「B」を表現すること

なく、「これならわしでも使える」である。「安らぎ」ではなく、「仕事のことを忘れられるね」である。「定番感」ではなく、「わかった。おたくに全部任せるわ」である。いかがだろうか。吹き出しにしたほうが、はるかにイメージが湧きやすい。わかりやすく、共感しやすく、オリジナリティが高い表現を引き出してくれる。

それでもまだピンと来なければ、「誰」のところ、「何（吹き出し）」のところの言葉を具体的にしたり、言葉を置き換えたりしながら共通認識を作っていく。この過程こそが、今やろうとしている活動の意義を考え、共感し合ううえで非常に重要なプロセスだと考えている。

我々は、こうして「コンセプト」という理想を定性的に表現するフレームワークを定義した。

「コンセプト」の効果と使い方。そもそもの活動の目的を共感できる

コンセプトを表現する機会はいくらでもある。企画を立てるときは必須だ。「○○さんに××と言わせる企画を考えてきました」と言うと、まず相手の興味を喚起するとともに想像力を刺激できる。サイボウズでは、製品やサービスの企画を立てるときは、コンセプ

トシートというフォーマットを使っている。3C分析から始まり、市場機会の発見、そしてコンセプト、4P・4C、予算とスケジュールという構成になる。要素は多いが、一番大事なのはコンセプト。誰が何と言って喜んでくれる製品・サービスなのかの定義である。企画者は、コンセプトの表現にこだわってほしい。

コンセプトの表現は、個人でも使える。私はよく講演を頼まれるが、まずコンセプト作りをする。誰に何と言わせればよいのか。聴講者全員を対象にする必要はない。聴講者の中から、今回、どうしても心を動かしたい人を選び、講演を聞いた後その人に何と言ってほしいのかを定義する。これを決めておけば、講演内容や資料を作成していくときの拠り所になり、考えがぶれることがなくなる。

上司と部下の関係でもコンセプトは重要である。上司はよく部下の活動の細かいところに口を出してしまい、反感を買ったり、部下の成育を阻害したりする。どうしてそうなるのか。上司が部下と活動目的の共通認識を作れないから、やり方を任せ切れないことも一因だろう。誰に何と言わせてほしいのか。コンセプトを部下と握っておけば、部下はそのコンセプトに沿って、自分ができることを主体的に考えようとする。優れた上司は優れたコンセプトを生み、部下のやる気と創造性を引き出す。

私は社長という立場上、日々メンバーからさまざまな提案を受ける。多様な提案を短時間で理解し、精度の高い意思決定を行なうには、それ相応のやり方がある。私が最初に確認するのはコンセプトである。コンセプトが明確に表現されていない場合は、たいてい思考不足である。裏付けとなる背景情報が少なかったり、ロジックに矛盾があったりする。逆に、コンセプトが生き生きと表現されているときは、ほぼ心配ないと考える。

場合によっては、コンセプトを1つに絞り切れないこともある。たとえば、サイボウズのグループウェア製品の場合、価値を提供する対象者は1人ではない。経営者であり、情報システム部門の部長であり、担当者であり、一般利用者である。このような場合は、複数のコンセプトを作ればよい。後は、それらのコンセプトに優先度を付け、6：3：1といった具合で定量的に表現すると、メンバーの意識を合わせやすくなる。「今回は経営者が喜ぶことを6割くらい優先しましょう」となる。コンセプトは1つに絞らなくてもよい。大事なのは、理想に共感し、共通認識を持つことだ。

コンセプトの表現が上手になると、メンバー間、組織間での議論がスムーズになった。たとえば、「営業部があの施策をする意味がわからない」と疑問を持ったとき、「コンセプトは何でしたでしょうか？」という質問をすることで、そもそもの目的を確認できる。施策の詳細な内容について延々と議論する必要はない。まずコンセプトを確認し、大きな方針についての議論にフォーカスする。組織で多様性を重んじるのであれば、詳細は担当者に任せていくのが自然だろう。

私は、組織におけるすべての活動にコンセプトが必要だと考えている。我々は、さまざまな部門に分かれ、役割を分担しながら働いている。開発部、営業部、人事部、経理部。お互いの活動を確認し合いながら、足並みを揃えてミッションの実現を目指して活動している。今、どの組織が、どのような目的で活動をしているのか。互いの目的を理解するスピードが上がれば、効率的にチームワークできるだろう。

言い換えれば、コンセプトとは、活動の目的を共感するためのフレームワークである。「○○部長にギャフンと言わせよう」「××さんにありえないと言わせよう」。上手なコンセプトの表現は、認識を合わせやすくなるだけではなく、互いのやる気を引き出す生き生きとしたビジョンに変わる。

「起案」と「承認」。意思決定の基本となる2つの要素

理想の表現が上手になり、議論が噛み合うようになってきたら、次に「意思決定」をしなければならない。どの理想に対し、どのような課題を実行するのか。それを誰かが決め

なければならない。決まれば、実行に移れる。実行に移れなければ、それまでの議論は無駄に終わる。次のテーマは、「決める」である。

私は社長就任当初、そもそも社長が決めることは少なくてよいと思っていた。社長は万能ではない。それぞれの業務はその業務に携わる者が一番詳しい。プロフェッショナルである担当者が責任を持って決めれば、正確な判断ができるはずだ。当時、私の直接の部下はほぼ全員私より年上だった。どのメンバーも専門性が高く、経験豊富だ。

よくビジネス書には「優秀な社長は部下に権限を委譲する」と書いてある。私はその点、非常に優秀だった。何を開発するかは開発本部に決めてもらい、どう販売するかは営業本部に決めてもらった。その分野では素人の私が意思決定する必要はない。そう思っていた。

しかし、問題は発生した。開発本部が開発した新製品に対し、営業本部が「売りたくない」と言い出した。「開発本部は顧客のことをわかってない。勝手に作りやがって。こんな製品は売れない」と営業メンバーは販売活動を拒否した。逆に開発メンバーからは、「営業本部は製品のトレンドを理解していない。潜在的なニーズを掘り起こせない。営業力が低い」と非難した。対立している場合ではない。その新製品を販売しなければ、開発にかかった工数はすべて無駄になる。

一方、人事部が人事制度を改定していた。新しくなった評価制度に対し、他の従業員から大きなブーイングが起きた。「人事部は現場のことがわかってない。こんな評価制度ではやる気をなくすだけだ」。これでは人事評価ができず、給与を定めることができない。「社長が決めるんですよ。社長に全責任があるんですよ」。副社長の山田は、私が社長になってからというもの、この言葉を私に伝え続けた。このことが組織のメカニズムの根幹であることに気付いたのは、社長就任から2年近く経ったころだった。

業務は組織をまたがって実行される。開発本部が開発したものを営業本部が販売するし、人事部が作成した人事制度は全社にわたって適用される。組織をまたがって影響を与える議題については、その上位にいる人間が責任をもって意思決定しなければならないのだ。

もし私がそれらを意思決定すれば、私の知識不足が原因で、適切な意思決定ができないことも増えるだろう。迅速に結論を出せず、私がボトルネックになるかもしれない。そうなると、「社長がダメだから」とメンバーから批判されるに違いない。それを怖がっている自分に気付いた。でも仕方がない。それが私の実力だ。意思決定から逃げてはいけないのだ。各本部の上位にいるのなら、真剣に考え、真剣に成功を願って意思決定をしなければならないことを理解した。

それから私は、意思決定に向き合うようになった。開発本部が作りたいと言ったものに対し、真剣に質問をするようになった。「売れると考える根拠はあるのか。開発にかかる人員や費用は捻出できるのか。本当に成功させるつもりでやっているのか」。メンバーは驚いていた。今までは全面的に任せてくれていたのに、どういう心境の変化なのか。

すると、面白いことが起きた。私を説得するために、他の本部の協力を得るようになった。「営業本部と話し合ったところ、少なくともこれくらいは売れると言っています。人事部や経理には、いつまでであればリソースを確保できることを確認しています」。人事制度についても同様だ。「従業員の意見を集めるためにワークショップを3回開き、50人が参加しました。いくつか懸念点が見つかったので、制度をこのように調整しました」。

このように本部同士が議論したうえで起案してくれるようになった。起案する内容の精度が上がった。それまでは各本部の思い込みで作成していた内容が、他の本部からのフィードバックを受けて、レベルが上がってきた。私が悪者のラストボスになった結果、メンバーが団結して突破するように変化したのだ。望むところだ。目指しているのは世界一のグループウェア企業だ。よくわからない提案は質問攻めにしてやるから、まとめてかかってこい。そう考えるようになった。

私が本部をまたがったすべての意思決定をするようになると、以前より意思決定に時間がかかるようになった。しかし、意思決定をした後、実行に移るのがスムーズになった。

各本部で事前に議論が進んでいるからだ。無駄な対立も減った。私が決めればスムーズに動く組織になった。これが組織における意思決定のあり方なのだと理解した。

では、意思決定の基本は何か。私はそれを２つの要素だと考えている。「起案」と「承認」だ。誰が何を起案し、それを誰が承認するのか。組織がややこしくなるのは、これが決まっていなかったり、守られていなかったりするからだ。

まず、「起案」とは何か。問題を発見し、次の理想と課題を設定する企画を立てることだ。「こんな理想を目指して、こんな課題に取り組むアイデアを考えました」というものだ。自分だけで企画する必要はない。さまざまな人から意見を集め、データを集め、最終的には問題解決メソッドに沿って起案する。

誰もが起案と承認の権限を持っているわけではない。チームワークは、互いに役割を任せ合うことが前提だ。誰が何を起案できるのか。それを誰が承認できるのか。権限を適切に付与しなければスムーズにチームワークできない。

社長はその権限を付与する。営業戦略を起案する権限は営業本部長に、人事制度を起案する権限は事業支援本部長に。権限を付与された本部長は、さらに権限を現場に付与することもある。営業企画部長や人事部長に。

起案者は、与えられた権限の範囲において起案できる。営業戦略は、営業企画部長が起案しなければならない。人事制度は、人事部長が起案しなければならない。違う人から起案されるとややこしい。付与された権限に沿って活動すれば、責任の所在も明確になる。

次に、承認とは何か。理想と課題を決めることである。「こんな理想を目指して、こんな課題に取り組みましょう」と決めることである。

承認者は、与えられた権限の範囲において承認できる。たとえば、社長が承認するものは、全社に影響を与えるものだけだ。本部レベルの組織構成をどう作るか、各本部長を誰にするか、製品の名前や価格を決めることなどだ。

社長はその範囲を越えて意思決定してはいけない。各本部の中での組織構成や人材の配置については、私に起案も承認もする権限はない。口出しすることはできるが決める権限はない。決めるのは社長ではなく本部長だ。社長であっても一線を越えてはいけない。それが役割分担だ。

意思決定のキーマンは起案者と承認者だけ。承認者は決めることから逃げてはいけない

意思決定と情報共有は別物である。意思決定という活動については、起案者と承認者が行なう。しかし、組織が精度の高い意思決定を行なうためには、普段から現場同士で情報を共有しておくとよい。人事部長が、開発メンバーが最近どのような活動をしているのかを知っておくことは、よりよい人事制度の立案につながるだろう。開発部門の企画者が、普段営業部で抱えている問題について知っておくことは、よりよい製品の企画につながるだろう。情報共有によって、起案の品質が高まり、承認の意思決定の精度も向上する。

しかし、すべての情報をすべてのメンバーで共有することはできない。全営業メンバーの今日の提案活動を、全開発メンバーと共有する時間の余裕はない。したがって、どの情報を誰と共有しておくべきかを絞り込む必要がある。その問題に関係ない人と共有しても、成果にはつながりにくい。重要な関係者は、起案者と承認者である。その件に関して、誰が起案者で、誰が承認者であるのかを知っておくことは、適切な情報共有につながる。

日本企業は、誰が意思決定したのかわかりにくいと言われることがある。稟議書には数多くの判子が並び、そのすべてが押されていないと承認されたことにならない。責任の所在がはっきりしないと言われる所以である。特に「判子は押したが、私の責任ではない」と言う人がいるとややこしい。多様性のある組織ではなおさらだ。誰が何の権限を持っているのかを明確にしないと、多様なメンバーが効率的に協力し合うことはできない。まずは権限を明確にすることが大事だ。

組織では、起案や承認に対して異論を唱えたいことがよくある。多様性のある組織において、異論があるのは当然のことだ。あって然るべきだ。しかし、そのときに取る行動が大事である。意思決定のキーマンは起案者と承認者の2人だけである。多人数で承認するプロセスだとしても、本当に重要なキーマンは3、4人であろう。それ以外の人は、この意思決定に関わる権限はない。起案も承認もしない人に訴えても変化は起きない。その行為は単なる愚痴である。起案者と承認者に対して質問責任を果たし、意見することを意識するとよいだろう。

トップダウン型とボトムアップ型、どちらの組織がよいかという議論を見かけるが、両方大事に決まっている。意思決定は、起案と承認のセットだ。起案者が適切に情報を集め、品質の高い起案をすることと同時に、責任感のある承認者が真剣に承認に向き合うこと。これが意思決定力の高い組織だと思う。

社長が行なう意思決定は、もやもやと曖昧な案件が多い。単純に比較して意思決定するのが難しい提案に向き合う毎日だ。たとえば、面接では採用基準に満たなかったものの、不思議な魅力を感じさせる人材がいたときに、その人を採用すべきか。売上が厳しく販売促進費を増やしたいときに、製品の品質向上にどこまで投資するべきか。不採算になっている事業を継続すべきか思い切って打ち切るべきか。何を基準にどう判断すればよいのか。短期視点と長期視点、利益の確保とサービス品質の向上、顧客の満足と社員の満足。迷い続ける毎日だ。

決めるには勇気がいる。精度の低い意思決定は、その後、周囲に多大な迷惑をかけることになる。批判されることも多い。責任感が強いほど、大きなプレッシャーになる。しかし、決めることから逃げてはいけない。それが承認権限を得た者の役割だ。

「モチベーション」を定義する。「理想に対する思いの強さ」だ

全体の理想は掲げた。そして議論の方法も決まった。意思決定もできる。あとは1人1人がモチベーション高く取り組めるかどうかだ。

高度成長期の日本においては、モチベーション・マネジメントは今よりも単純だっただろうと想像する。多くの男性社員が長時間労働を受け入れ、管理職に昇進することを望んだだろう。しかし、多様性のある組織においては、モチベーションも多様である。

そんなとき、ある若手社員から、「青野さんの発言でモチベーションが下がりました」

と言われた。ガツンと言い返してやりたいが、そもそもモチベーションが何なのか自分の中で整理できていない。言葉を明確に定義して反論しなければ、論理的に詰めてねじ伏せることができない。そうだ、モチベーションを定義しよう。私はモチベーションに関する書籍を漁りながら、論理的に表現することを目指した。

その結果、一言で言えば、モチベーションとは「理想に対する思いの強さ」だと理解した。たとえば「体重を5キログラム減らす」という理想に対し、「実現したい」がモチベーションレベル1だとすると、「実現したい！」がレベル2、「実現したい‼」がレベル3という具合である。モチベーションが高いほど、その理想を実現するために進んで行動する。とてもとても痩せたい人は、多少お腹が空いたとしても、我慢して炭水化物の摂取量を減らすだろう。

しかし、人が持っている理想は1つではない。「痩せたい」と同時に「美味しいケーキを食べたい」という理想も持っている。どちらの理想に対するモチベーションが強いのかによって、人の行動は変化する。「痩せたい」がレベル1、「美味しいケーキを食べたい！」がレベル2であれば、人はケーキを食べる。また、目の前にとても美味しそうなケーキを置かれたとき、食べたいというモチベーションはさらに上がる。モチベーションは状況によって上がったり下がったりするのだ。

モチベーションという言葉を定義できたのなら、モチベーションを上げたり下げたりする手法についても論理的なメソッドを作れるのではないかと考えた。もしメソッド化できれば、モチベーションを意識的にコントロールできるかもしれない。また、誰かに高めてもらわなくても、自分で高めることができるかもしれない。しかし、そんな手法はあるのだろうか。モチベーションを高めるには何が必要なのか？

「モチベーション」は仕組みがわかれば制御できる。ポイントは3つの条件が揃うこと

社内でモチベーションに関する情報収集と議論を繰り返した。一番納得感が高かったのが、「やりたいこと」と「やれること」と「やるべきこと」、この3つの条件が揃ったときにモチベーションが高まるという理論だ。英語で書くと、Will と Can と Must である。誰が最初に言い出したのかは調べてもよくわからなかったが、確かにそうだと共感した。やりたくて、やれると思っていて、やるべき理由が存在するとき、人はモチベーションが高まる。

ポイントは、これら3つの条件がすべて揃うことである。やりたいことであっても、やれないことにはモチベーションが上がらない。たとえば、私がいくら野球が好きで、プロ

野球選手になりたいと思っていても、なれる自信はまったくない。こうなるとモチベーションは上がらない。人参をぶら下げられても、手が届かないと思っている限り、人は手を伸ばさないのだ。実現できると思っていなければやる気は出ない。

逆に、やれることであっても、やりたくなければモチベーションは上がらない。私は子供のころからパソコンを使ってきたので、キーボードでの入力スピードにはそこそこ自信がある。しかし、キーパンチャーの仕事をしたいわけではない。私よりも上手にキーボードを叩ける人はたくさんいそうだ。私は私でないとできない仕事をやりたい。やりたくなければモチベーションは上がらない。

３つ目の条件は「やるべきこと」だ。「やるべきこと」とは、周囲に期待されていることを表す。人は期待されるとモチベーションが高まる。「この仕事はあなたに任せたい。これができるのはあなたしかいない。あなたがやってくれたらこれだけ報酬を出したい。あなたにぜひ受けていただきたい」。ここまで言われると悪い気はしない。人は周囲の期待に応えたいと思う生き物である。

仕事をしていると、モチベーションが上がらないときもあるが、このメソッドを理解していれば、その原因を自分で分析できる。どれかの要素が足りないのだ。それを埋めれば

モチベーション３点セット

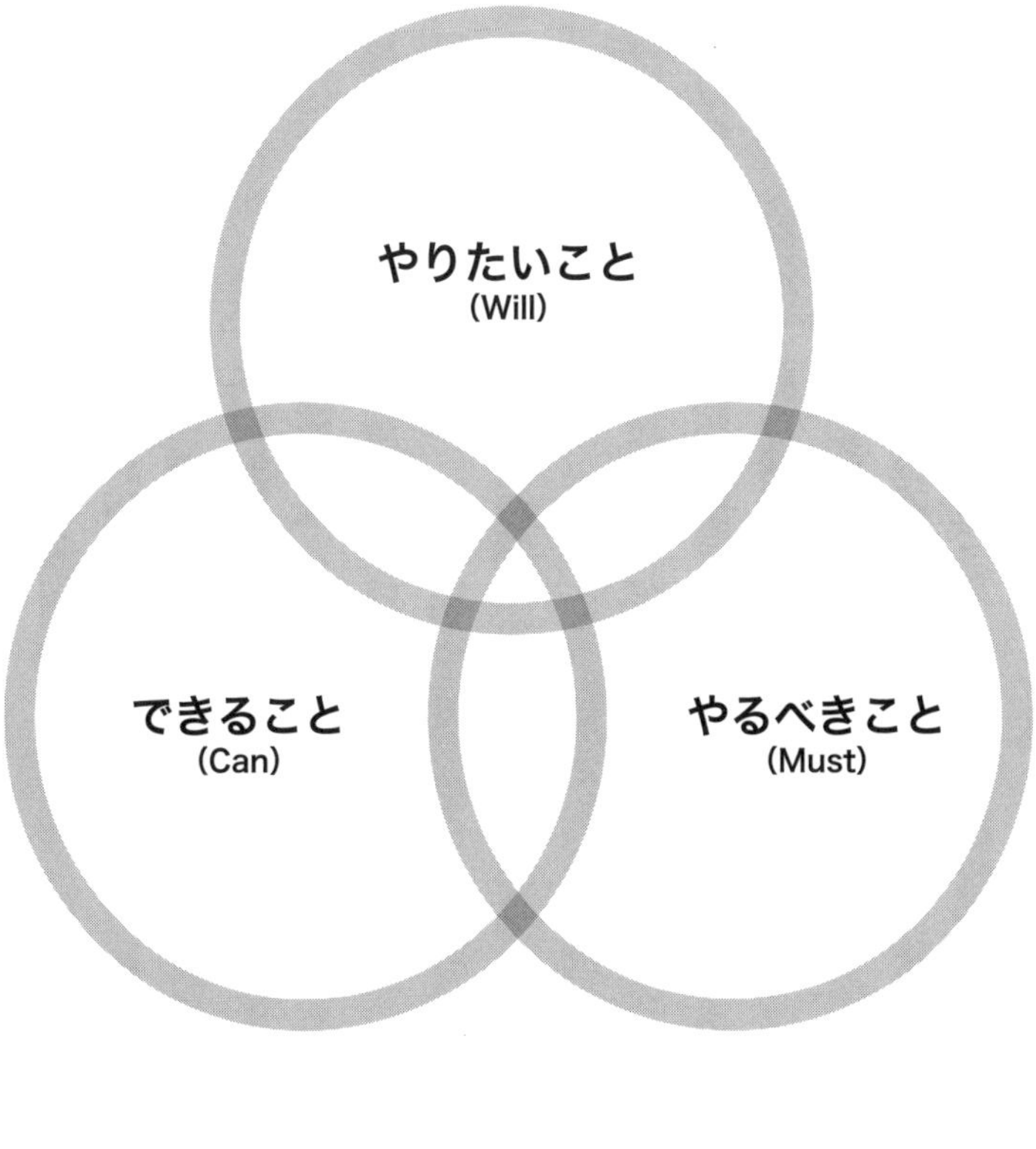

モチベーションは上がる。

しかし、やりたいと思わないことを求められることもある。そんなときはどうすればよいだろうか。1つの手法として、やりたいと思える要素を探してみることがある。たとえば、私の場合、何をやるときでも「効率を高める」ことや「学びを得る」のが好きな性格だ。子供のころからずっとそうだった。今までよりも効率が上がるとうれしいし、新しい学びが得られるとなおうれしい。だから、やりたくないこと……たとえばトイレ掃除を依頼されたときにはこんなことを考えてみる。「最高に効率良くトイレ掃除をするには、どの手順で進めるとよいだろうか」「最近のトイレ掃除道具はどこまで進化しているのだろうか」。そうすると、単につまらないと思っていたトイレ掃除が、私の興味対象に変わってくるから不思議だ。

人は、自分のモチベーションの構造を理解することで、やりたいことを増やせる。そのためには、自分の興味のツボを知らなければならない。自分を客観的に分析し、自分の目の前に人参をぶら下げられるようになると、自分を操る能力が高まる。ときどき、どこに行っても何をやっても楽しそうにする人がいる。そんな人は、自分のツボを心得ている人ではないかと思う。

もし、依頼されたことをやる自信がないときはどうすればよいだろうか。やれないと思っている限り、モチベーションは上がらない。そこで、まずスキルの向上で乗り越える可能性に注目する。スキルを高めれば、できるようになるかもしれない。足りないスキルは何だろうか。それを身につけるにはどうすればいいだろうか。スキルの高め方がわかれば、モチベーションを上げられる。

そうは言っても、スキルを急激に高めるのは難しい。そのときは、外部のリソースに注目する。自分のスキルだけで越える必要はない。協力してくれる人はいないか。使えるモノはないか。お金で解決できることはないか。外部リソースの力を借りてスキル不足を補えることに気付けば、モチベーションを上げられる。

最後は「やるべきこと」だ。信頼する人から期待の言葉をかけられるときほどモチベーションが高まる瞬間はないだろう。それが足りないと思えば、それをもらいに行けばよい。私のところにも、ときどきその言葉をもらいに来る人がいる。モチベーションを高めるコツをよくつかんでいると思う。逆に、私もメンバーに言葉をもらいに行く。メンバーからもらう期待の言葉は重いが、私にとって大事なモチベーションの源泉だ。

ちなみに、組織では、報酬を餌にすることがある。たとえば、「このプロジェクトが成功したらみんなでハワイへ行こう」と褒美を用意したりする。ただし、プロジェクトを成功させたい想いと、ハワイに行きたい想いは、本来まったくの別物だ。それらを合わせることでやる気は高まる。

これをサイボウズ社内では「テンション」と呼び、モチベーションとは別物として扱うことにした。別の理想をかぶせることで、自分たちの気持ちを鼓舞しようという手段だ。プロジェクトを成功させたいという気持ちを後押しするように別の理想を加えるとモチベーションが高まる。これをテンションが高まった状態だと定義した。

ただし、長期的に機能し続けるとは限らない。そもそもまったく違うものだということを理解しておかないと、褒美がないとやる気が出ないというジレンマに陥るリスクがある。プロジェクトを成功させたいというそもそもの想いを高めることを避けてはいけない。

多様性のある組織においては、さまざまな人がさまざまな理想を持って活動している。全メンバーのモチベーションを一律で高める手段はない。「ボーナスを増やすから夜遅くまで頑張ってください」と言っても、喜ぶ人ばかりではない。これ以上、仕事に時間を割きたくない人もいるのだ。

スキルを高めたい人もいれば、感謝されたい人もいる。目標を追いかけるのが好きな人もいれば、後ろで人を支えるのが好きな人もいる。1人1人のモチベーションの源泉を把握し、それに適合するように業務を依頼していかなければ、モチベーション高く働いてもらうことはできない。１００人いれば、１００通りのモチベーションがある。

次に「青野さんの発言でモチベーションが下がりました」と言う若手が出てきたら、私はこう言おうと思っている。「それでは、あなたのモチベーションがなぜ下がったのか3つの要素に分解して探求しよう。そして、上げるにはどうすればいいか、課題を設定しよう」。モチベーションは、仕組みがわかれば制御できるのである。

サイボウズの給与制度の歴史。成果主義も３６０度評価も失敗した

メンバーがモチベーション高く頑張った後、上司がやらなければならない仕事がある。メンバーを評価して給与を配分することだ。給与制度は「社員にどう働いてほしいのか」という組織の意思が反映され、制度化することでその働き方に誘導する。よくある評価基準のパターンとしては、長時間働いた人（時間）、大きな成果を上げた人（成果）、職責が重い人（責務）、勤続年数が長い人（長期的貢献）などを高く評価し、その分だけ給与も手厚く配分する。では、多様性のある組織では、どのように評価して給与を決めればよいのだろうか。

サイボウズにおいて、給与制度は試行錯誤と失敗の歴史である。創業期はシンプルだった。会社の懐具合で決まった。私の最初の給料はゼロである。半年間、滅茶苦茶に働いたが1円ももらわなかった。

人を採用するようになると、前職の給与を基準にしながら給与を決めた。リスクの高いベンチャー企業に転職してもらうわけだから、前職の給与を大幅に下回るのは申し訳ないという考えだ。

さらに人が増えてくると、評価の効率や公平感を高めるために、給与制度を考えることになった。当時のサイボウズが目指したのは、「完全なる成果主義」である。旧態依然とした日本企業のように、年功序列の給与体系にはしない。ベンチャーらしく成果で勝負する。そこには理念があった。

まず、1人1人の社員は半年後の目標を立てる。その目標には段階を設定する。ここまでできたら60点、ここまでなら80点、もしここまでいったら100点。その目標を上司と一緒に設定し、半年後に振り返る。自分の点数は明確に決まる。次に、それを全社員分集めて順位を付ける。すると、自分はこの会社で何番目なのかが決まる。後は、その順番に応じて給与の上げ幅を決める。上半分の人は給与が上がるが、下半分の人は上がらない。最下位の人はリストラの危機にさらされる。なんとも緊張感のある面白い制度だと思っていた。

しかし、目標の決め方によって大きく得点が上下する。低い目標を設定した人が得をする。これは公平でないと社員に不評だった。そこで、目標の達成度による評価だけでなく、社内評価を加味することにした。具体的には、事業部長クラスのメンバーによって、投票することにした。「この人は素晴らしい。この給与水準であれば、ぜひ私の事業部に来てほしい」。そう思う人を選んで加点する。さらに納得感を増すために、３６０度評価も取り入れた。その人の同僚に評価してもらい、それを加点した。

これだけさまざまな視点を取り込めば、評価の公平感は高まるだろう。しかし、現実はそうならなかった。上司から部下に評価を伝えるとき、こんな会話になった。「上司としては結構いい点だと思ったんですが、他の事業部長とか周りの人の評価はそれほどでもなかったみたいです」。この説明で納得するメンバーは少なかった。いろいろと要素を足してみた結果、誰も自信を持って説明できない評価になった。

もう公平性は目指さない。給与は「市場性」で決める

これらの経験から、給与制度で公平性を追求するのは無理があると考えた。どのような

基準で評価しても、その基準は誰かにとって有利であり、誰かにとって不利である。完全なる公平など存在しない。結局のところ、給与はざっくり決めるしかないのである。大事なのは公平性ではなく、メンバーがミッションに向かって毎日楽しく働くことだ。給与の配分は、それを実現するための手段に過ぎない。公平性を追求した結果、楽しく働けなくなるなら本末転倒だ。

多様性のある組織においては、社員同士を比較するのが困難である。長時間働く人もいれば、短時間で働く人もいる。オフィスで働く人もいれば、在宅で働く人もいる。専門家もいれば、マネージャーもいる。性別も職種も国籍もさまざまだ。誰が偉いのか。答えは出ない。みんなが補完関係を作っているからチームワークが成り立っている。

社員同士を比較できないなら、給与は何を基準に考えればよいのか。そうだ、社外に目を向けよう。その人がもしサイボウズを辞めて転職するなら、果たして給与はいくらになるだろうか、という視点だ。

それを「市場性」と呼ぶことにした。年俸が500万円の人は、たいていの場合、転職してもそれに近い年俸をもらう。もし1千万円もらえる会社があれば、喜んで転職するだろう。それが市場性である。現在の日本においては、そのくらいの価格で労働力が取り引きされているという現実である。ただし、市場にも多様性がある。ある会社からは高く評価されたり、ある会社からは低く評価されたりするだろう。失敗したらリストラをすることが前提の外資系企業では短期的に高い給与を出すだろうし、長期安定雇用が前提の企業だとそこまでは出さない。どちらも市場性の結果である。

人事部のメンバーや各部内のマネージャーは、中途入社を希望する人と日々面談をしている。どのような人がどの会社でいくらくらいの給料をもらっているかを知っている。また、日常的に人材紹介会社とやり取りをしているので、どのくらいのスペックの人が、どのくらいの金額で採用できるのかを知っている。転職市場は需給のバランスで成り立っている。短時間しか働けなくても、市場性の高いスキルがあれば給与は高くなる。逆に、高いスキルや誇らしい実績を持っていたとしても、高齢になると転職市場では価値が低くなることもある。この基準を社内に適用するのだ。

給与のグレード（等級）は廃止した。給与のグレードは、社員をカテゴライズする仕組みである。なぜAさんがこのグレードで、Bさんがこのグレードなのか。多様な社員が増えれば増えるほど、比較して説明することは難しくなる。

市場性で給与を決めることは、経営者や人事部にプレッシャーを与える。転職先でサイボウズよりも高い給与をもらう自信がある社員は遠慮なく交渉してよい。自分の市場価値を測るために、積極的に転職サイトに登録するかもしれない。そして、「某社から私は年俸○○万円の提示を受けました」とアピールするかもしれない。

こういった実力者の転職を防止するためには、他社に引き抜かれない給与を提示するとともに、給与以外に与えられる報酬にも目を向けなければならない。個人が組織に参加することで得られる報酬は他にもたくさんある。たとえば、本人が希望する業務や権限であったり、業務を通じて得られるスキルや人脈であったり、気持ちよく一緒に働ける仲間であったり、長期的に安心して働ける環境であったりする。最近の傾向では、働く時間と場所の柔軟性は、特に重要な報酬になっている。経営者や上司のマネジメントスキルが高ければ、1人1人にとっての報酬の総和を上げることができ、本人の幸福感が増す。

逆に、社員にとってもプレッシャーがあるだろう。「私は10年間、この会社のために頑張ってきました」だけでは、高く評価されないことになる。転職時にアピールできるようなスキルや実績を増やし、自分の市場価値を高めなければ、給与は上がりにくい。社員も大変だ。

しかし、これは社員の経済的な自立意識を促すことにつながると考えている。もし全社員が給与を下げることなく転職できる状態であれば、いつサイボウズがつぶれても生活に困ることはない。素晴らしい。社員はいつでも転職できるのに、あえてサイボウズで働き続けたいと言ってくれる。この状態が理想だと考えた。

　これからの時代においては、人材の流動性はさらに高まるだろう。１つの会社にずっと勤め続けるのではなく、何度も転職をしたり、場合によってはいくつかの会社を掛け持ちして働くことも増えるだろう。１つの会社の中だけで適正な給与を決めるのは難しくなっているし、個人が組織に求める報酬も多様化している。市場性を重視しながら、本人に与えられる報酬の最大化を目指すことが、これからの経営スタイルだと考えている。

　さて、給与を配分するうえで、究極的な理想は何かと聞かれたら、「必要な人のところに必要な分だけお金を渡すこと」だと私は答える。市場性が高い人にお金をたくさん渡しても、上手にお金を使うスキルを持っていなければ、効果的に使われることはない。個人の道楽に大量のお金が使われ、生活に困っている人たちにお金が回らないとするならば、それは正しい給与配分だと言えるだろうか。我々はまだ給与制度について、試行錯誤している段階だ。社会の動きに鑑みながら、今後も模索したいと考えている。

　ちなみにサイボウズでは、給与制度とは別に、成長を促進するための個人評価を行なっている。これは個人の目標管理だ。上司とともに目標を立て、半年後に達成度を確認し、次の成長に向けて課題を設定する。以前と大きく違うのは、目標管理を給与の評価には使わないということだ。どれだけ達成していても、それが直接的に給与に反映されることはない。給与制度と切り離した途端、目標管理は自分の成長を引き出すための便利なツールに変わり、業務にやりがいを与えてくれるから面白い。目先の給与に振り回されず、楽しく働きたいものだ。

チームワークから考える新しい職場環境。長時間同じ職場にいる必要はない

この章の最後は職場環境だ。多様性のある組織において、どのような職場環境が必要になるだろうか。今までと何が違うのだろうか。

今までの日本企業の職場と言えば、大部屋で男性が長時間働くスタイルが主流だった。毎日全員が同じ時間に職場に来て、何年も同じメンバーで仕事をする。仕事が終われば居酒屋に繰り出し、仕事時間中に話せなかった情報を口頭で補足し合う。このスタイルは、多様性が低い時代には効率がよかったのだろうと思う。

しかし、時代は変わった。今までのように長時間同じ場所にいてもらうのは難しい。メンバーの中に、子育て中で短時間勤務のパパやママがいるかもしれない。介護をしながら働くベテラン社員がいるかもしれない。メンバーの入れ替わりが早く、お互いのことを知る時間は以前ほど取れないかもしれない。若者たちは、おじさんの飲み会に参加したがら

ないかもしれない。グローバル化が進み、遠隔地にいる外国人と協力し合わないといけないかもしれない。新しい職場環境が求められている。

新しい職場環境を考えるために、そもそもメンバーが一緒に働くこと、すなわちチームワークとは何かを考えてみる。チームワークとは、チームでワークすることだ。チームという組織に所属するメンバーが、役割分担しながら仕事を行なう。これがチームワークだ。チームワークには、メンバーと仕事が存在する。共通のミッションを達成するため、メンバーの誰もが何かの仕事を担当する。

みんなで一緒に同じ仕事をするわけではない。それぞれのメンバーがかぶらないように役割を分担することで効率を上げる。同時並行で複数の仕事を進めるのだ。ときには連携プレーも必要となる。途中までやった仕事の続きを引き継いでもらったり、自分が仕上げた仕事をチェックしてもらったりする。いわゆる業務フローを作って連携する。

チームワークのプロセスに関する論文を探し、メンバーが何をするのかを探求した。まとめると以下のようになる。

チームのメンバーは、

- コミュニケーションをとる
- 共通の理想を決める
- 役割を分担する
- 互いの仕事の進捗を確認する
- フィードバックし合う
- 相互に調整をする

これらの活動ができればチームワークができる。長時間同じ職場にいる必要はない。さらにシンプルにまとめるならば、「仕事の情報を共有しながらコミュニケーションする」ことができればよい。

ITが仮想オフィスを進化させる。グループウェア自体が職場になった

かつてのオフィスでは、メンバーが長時間同じ空間に存在することで、それを実現してきた。仕事の情報を共有するためには、メンバーを集めて朝会をしたり、印刷した紙を配ったり、コルクボードに掲示したりする必要があった。実際に会って伝えることや情報を

紙に書いて渡す手段では、共有できる範囲に限界がある。

ＩＴがその限界を超えた。Ｅメールが登場し、紙の限界を超えた。一瞬のうちに大量に情報を配布できるようになった。一方向に発信するだけではなく、フィードバックもＥメールで返せるようになった。社内だけでなく、社外にも情報を配布し、フィードバックをもらえるようになった。しかし、大量のＥメールは仕事の妨げにもなりつつある。

ＩＴはさらに進化した。Ｅメールに続き、ウェブが生まれた。ウェブはネット上に仮想的なコルクボードを設置できる。イントラネットという言葉が生まれた。ネットにつながれば、どこからでも書き込むことができる。リアルなコルクボードの限界を超えるとともに、Ｅメールの問題点を解決できるようになった。

ビデオ会議も普及しつつある。同じ場所にいなくても相手の顔を見ながら口頭でコミュニケーションできる。１対１のミーティングだけでなく、大人数で開催されている会議に遠隔地から参加することもできる。私は愛媛県の実家に帰省しているときに、子供を抱っこしながらビデオ会議に参加したことがある。

そして、我々サイボウズはグループウェアを開発する企業だ。仕事の情報を共有するソフトウェアを自分たちで生産する力がある。そして、サイボウズの社内では、まさにこの仮想的なコルクボードが大量に作られ、恐ろしいほどの情報が日々書き込まれている。

たとえば、営業本部のメンバーが日々入力している「コンタクト履歴」なるコルクボードには、どの営業メンバーがどの顧客とどのように接触したかが次々と書き込まれてデータベースになっていく。すでに5万件以上が登録されている。集計もできる。過去のやり取りもわかる。その後どう変化したかもわかる。検索すれば、すべてのコンタクト履歴から調べることもできる。

開発本部も情報共有に熱心だ。「開発タスク管理」のコルクボードには、次に搭載する機能の一覧がある。今、誰がその機能の開発に取り組み、どこまで進んでいるかがわかる。いわゆるプロジェクト管理だ。若手が自分の担当部分で困っていれば、上司とコミュニケーションを取りながら進められる。開発途中に営業メンバーが最新の市場ニーズをフィードバックすることもある。この組織を越えたやり取りが仕事にワクワク感を生む。

グループウェアは、意思決定のプラットフォームにもなる。ワークフローの機能によって、いつ誰がどんな起案をして、いつ誰が承認したかも社員に筒抜けだ。サイボウズでは重要な意思決定はすべてグループウェア上で行なわれている。サイボウズでは、リアルな会議で決めたこともグループウェアに残すようにしている。だから、全社員が私がいつ何をどのように決めたか知ることができるし、異論があれば誰にフィードバックすればよいかもわかる。

これだけ情報共有が進むと、グループウェア自体が職場のようだ。実際の職場よりもはるかに多くの情報がリアルタイムに共有されている。だから、グループウェアにアクセスできればどこからでも働ける。サイボウズでは在宅勤務制度を開始し、場所を選ばずに働く習慣が広がりつつある。いわゆるテレワークである。

「テレワークでは社員がサボるのでは」と懸念する人は多い。しかし、最近は会社の座席にいてもサボろうと思えばサボれる。パソコンを開いているが、ゲームやネットサーフィンをしているかもしれない。サボるのに場所を問わなくなってきた。どうしてもサボりをチェックしたいなら、社員と合意したうえで、監視ソフトをパソコンにインストールする手もある。しかし、ネットサーフィンをしているときに素晴らしいアイデアを思いつくかもしれない。熱心に働いているが成果が少ない人と比べてどちらがよいかは難しい判断だ。

リアルな職場は、歩き回れば情報を得られるメリットがある。「management by walking around」というそうである。私の場合、グループウェアの中を歩く。すると、さまざまな情報を得られる。若手社員の日報と上司のコメント、最近のトラブル報告、社外のパートナーとの打合せ議事録などなど。気になることがあれば、担当する社員にグループウェア上で話しかけてみる。上司や周囲の同僚に気付かれないので、お互い率直に情報交換できる。個別のやり取りを継続的に蓄積し、必要に応じて共有できるから、働き方を多様化しても破綻せずに運用できる。さらに気になることがあれば、グループウェア内を全文検索してみる。何年も前の出来事でも瞬時に引っ張り出せるこの仮想オフィスは極めて機能的だ。まだまだ進化しそうで楽しみである。

リアルオフィスは仮想オフィスを補う場に。社長の席もフリーアドレスになった

では、リアルなオフィスはどうあるべきか。仮想オフィスの発展とともに消えていくのだろうか。私はそうは考えていない。仮想オフィスに足りない要素を補う存在としてリアルオフィスをとらえ直すと、新しい未来が広がる。

音楽業界でたとえてみる。ＣＤやオーディオ機器が進化したおかげで、コンサートに行かなくても高品質な音楽を聴けるようになった。しかし、どれだけＣＤが普及しようが、どれだけオーディオ機器が進歩しようが、リアルなコンサートはなくならない。むしろ、コンサートでしか味わえない価値が強化されていく。

仮想オフィスが進歩すれば、毎日全員が同じ場所に集まる必要はなくなるだろう。ただし、メンバーの五感を刺激し、感情を揺さぶるような状態を作りたいのであれば、リアルオフィスは有効だ。サイボウズでも、毎月の全社ミーティングや四半期ごとの打ち上げ、

製品のリリースパーティ、納会など、多くの社員が楽しみにしているイベントがたくさんある。これからのリアルオフィスは、劇場の役割を果たすべきだと考えている。

また、短期的に成果を上げたいプロジェクトでは、リアルオフィスを使ったほうがよいだろう。メンバーが1か所に集まることで、情報共有や議論のスピードを上げられる。互いの顔を見合わせて働くのは、タイムラグを最小化できて効率的である。

これから企業がイノベーションを起こすには、社外の人たちを巻き込むことが重要だと考えられている。いわゆるオープン・イノベーションだ。となると、リアルオフィスに社外の人を呼び込みやすくしておきたい。セキュリティの問題を乗り越える工夫ができれば、社外の人と安全に働けるリアルオフィスはイノベーションを生む源泉になりうる。

これからはリアルオフィスの入口や受付にも気を使うべきだろう。来訪した社外の人たちに対し、会社の風土や事業戦略を伝えていく場にできる。ちなみに、サイボウズのリアルオフィスの入口には、造作されたミカンとリンゴの木が生えている。「来週金曜日、14時にリンゴの木の下で」と、社員と社外の人が待ち合わせられる場所を作りたかったのだ。サイボウズに機械的な受付は似合わない。サイボウズらしさを伝える場になっている。

集中して働ける空間を会社で用意するニーズも高まっている。単に紙の書類を読み書きするだけなら、喫茶店でよかったかもしれない。しかし、情報漏洩《ろうえい》のリスクを考えると、リアルオフィスの中に集中部屋があるメリットは大きい。最近はビデオ会議も当たり前だから、声が漏れない小さな部屋も必要だろう。セキュアなネットワーク環境、安心して集中できる空間はリアルオフィスの新しい価値になる。

近年、社員の座席を固定せず、自由に座る場所を選べるフリーアドレス方式が普及してきた。サイボウズでも一部の部門で採用した。グループウェアのスケジュールデータを分析し、社員が普段どれくらい自分の座席にいないかを可視化してみたところ、営業メンバーの座席スペースがかなり無駄になっていることがわかり、フリーアドレスを導入した。そして、分析の結果、私もほとんど席にいないことが判明した。その結果、私自身もフリーアドレスになった。全員分の座る場所を借りる時代は終わりつつある。

働き方の多様化に応える職場環境はどうなるだろうか。時間や場所にとらわれずに働けること、一番パフォーマンスを出せる場所で働けること、集まりたいときに集まって働けること。これらを同時に解決していく職場環境が求められている。

その実現は仮想オフィスとリアルオフィスの両面から考える。そして、それらを融合させていく。バーチャルなのにリアルっぽい。リアルなのにバーチャルっぽい。そんなオフィスを考えていく。私自身も普段はできるだけ出社せずに済む方法を考えたいと思う。

第4章

多様性に対応した人事制度

ライフスタイルに合わせて「働き方」を選べる制度に。時間や場所もウルトラ自由

第3章では、多様性のある組織においてスムーズなチームワークを実現するために有効な考え方やフレームワークを紹介した。第4章では、そこからさらに踏み込み、サイボウズで実際に運用している人事制度を具体的にご紹介したい。

まず1つ目は「働き方の選択」だ。この制度は2007年に導入し、その後、進化を続けている。2007年当時のサイボウズは離職者が相次ぐ状況であり、採用も苦戦していた。そこで、昭和の大企業が実践してきた制度を参考に、社員の採用や定着を促す制度を考えた。

日本の大企業の中には、総合職と一般職を分けて採用するところが多い。総合職で採用されると転勤する可能性があるが、一般職では転勤はないなど、差を設けている。昇給や昇格についても差がある。つまり、採用時点で複数の入口を用意し、その後も差をつけて処遇することで採用や定着を促進している。しかし、この一律的な区別は、男女という性別による区別と似通っており、男女差を生むことにもつながっている。総合職の男性と一

般職の女性が結婚し、夫の転勤とともに妻は退職するという流れは、昭和的ではあるが現代的ではない。

そこでサイボウズでは、入口で分けるのではなく、その人の希望に合わせて働き方を変更できればよいと考えた。たとえば、育児や介護が発生したときに、残業をせず、希望する時間帯で働けるようにする。性別や能力とは関係なく、どのくらい働きたいか、ライフスタイルに合わせて「働き方」を選べる制度を作った。

「働き方の選択」は、最初はシンプルに「残業ありのワーク重視（PS）」と「残業なし、もしくは時短のライフ重視（DS）」に分けた。PSは、残業もいとわず時間の制約を少なくして自由に働きたい人向け、言わば「バリバリコース」。DSは、時間に制約を設け、時間管理をしながら働きたい人向け、言わば「コツコツコース」。PS、DSは、ゲーム機の呼称からだ。どちらが上でも下でもなく、選びたいものを選べばよいというメッセージをこめた。

当初は給与体系を区別した。働く時間を管理されたくないPSは月給制に、時間を区切りながら働きたいDSは時給制にした。しかし、実際に運用していると、働く時間を管理するのは手間がかかり、月により収入の変動もある。そこで、DSであっても働く時間が安定してきたら、月給に切り替えられるようにした。

さらに、ある程度は残業をしてもよいと考える人をイメージし、残業時間を上司とともに管理したい人向けに「ワークライフバランス型」の選択肢を増やし、選択できる働き方を3種類に増やした。

制度ができて7年目の2014年には、働く「時間」に加え、働く「場所」についても3種類の選択肢を設けた。時間の長短をA、B、C、場所の自由度を1、2、3と区分し、かけあわせた9種類のなかから働き方を選択できるようにした。これによって、より個別のニーズに合わせた働き方を選択できるようになった。

2015年10月現在、94％の社員は残業ありのコースを選択している。給与には、2時間の見込み残業代が含まれており、夜間や休日を除き時間管理をしなくてよい。残業のないコースを選ぶのは、育休明けの社員が多い。各自が決めた時間に仕事を終え、保育園に迎えにいき、家事・育児をしている。

働き方は各自の希望に合わせて変更してよい。時短勤務をしていた人が残業ありの働き方に変更することもある。大学院に通う時間を確保するために残業なしの働き方に変える人もいる。男性であっても、子育てを優先し、自宅や外出先で働く人もいる。性別や家族構成にかかわらず、予測のつかない生活環境の変化や、新しい挑戦にも柔軟に対応できるようになった。

サイボウズの選択型人事制度

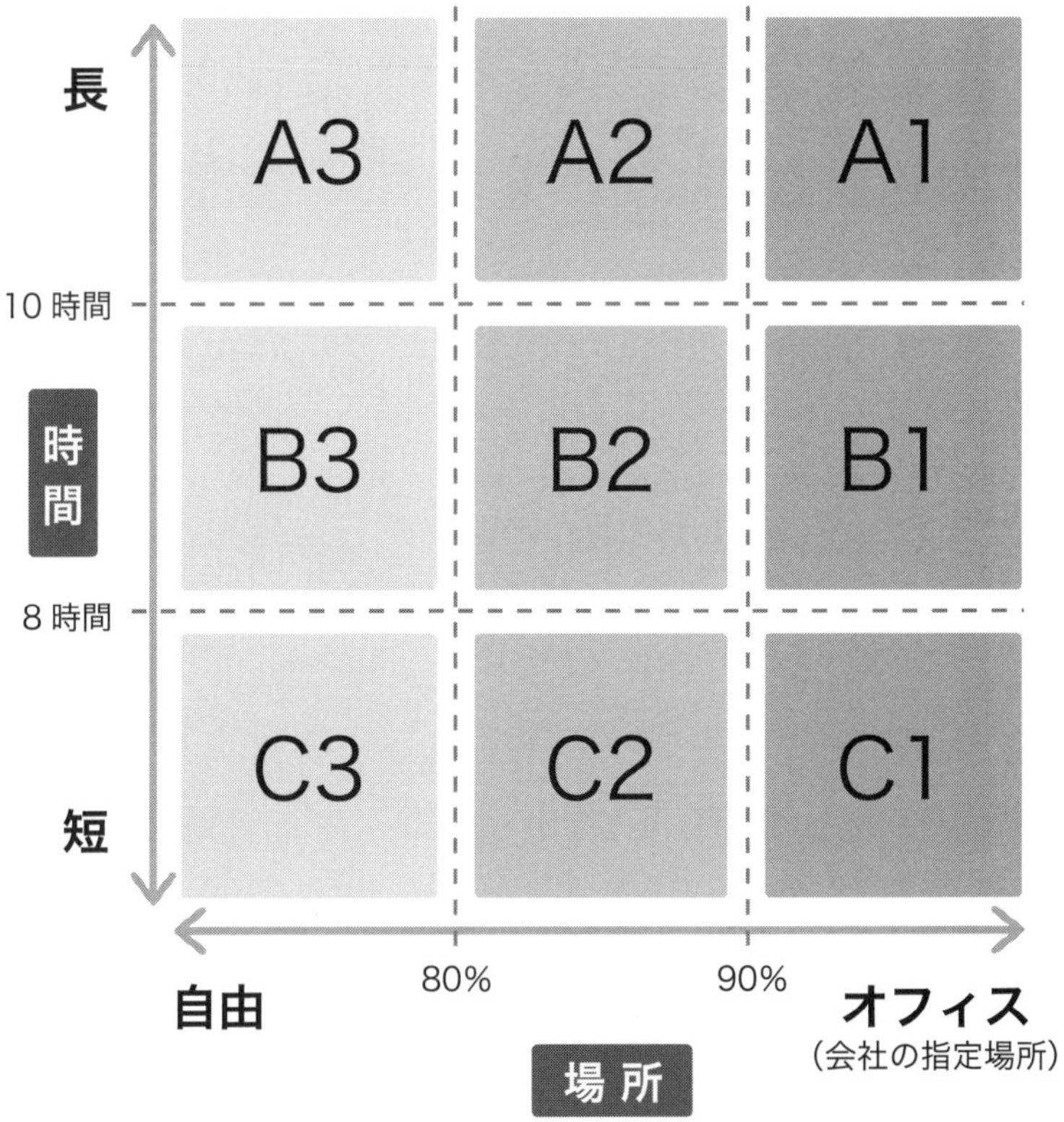

2012年からは、働き方のコース選択とは別に、「ウルトラワーク」という制度を導入した。これは、働く時間や場所を短期的に変更できる制度だ。たとえば、プライベートで保育園や学校の行事、診察、役所の手続きなどがある場合に、わざわざ休みをとらなくてもよくなる。オフィスへの移動時間をなくし、在宅や外出先で仕事をすることで出勤扱いになる。東京の社員が、松山オフィスで働いてみたいと週末の旅行と仕事をセットにすることもある。台風等で交通事情が悪いときは、出勤せずに自宅で仕事をする人も多い。事前に上司の承認を得られれば、働き方がどのコースであっても利用できる。ウルトラ自由に制限をとっぱらってみようということで「ウルトラワーク」と名付けた。経営者にとってみれば、どこにいようが働いてもらえるならありがたい。オフィスに縛られた働き方しかできない企業よりも、生産性を向上させられると考えている。

個別の事情によって柔軟に働く時間や場所を変えられる「働き方の選択」制度は、さまざまなメディアにもとりあげられている。社員の満足度向上や雇用機会の創出だけでなく、企業イメージ向上にもつながり、社員の採用にも効果が出ている。もちろん、柔軟な働き方を実現できるのは、サイボウズ製のクラウド・グループウェアがインフラとして整っているからだ。こんなに便利なものを使わない手はない。

最長6年の育児・介護休業制度が話題に。出産で退職する社員は激減した

２００５年ごろまでは、妊娠する社員の数は多くなく、産休に入る前に辞めてしまっていた。２００６年に初めて産休後に復帰を希望する社員が現れたものの、その後も退職を希望したり復帰について悩む社員が多く、対処を迫られていた。

サイボウズの場合、メンバーの多様性を認める反面で、「世界中のチームワーク向上に貢献する」という共通の理想については徹底的に共感を求めていく。したがって、スキルが高くても採用をお断りするケースも多い。それなのに、理想に共感するメンバーをせっかく採用したのに、「妊娠中に健康が思わしくない」「1歳の時点で人に預けられない」といった理由で退職されるのはあまりにもったいない。多少のブランクがあったとしても、当面はフルタイムで働けなかったとしても、できる限り復帰してもらったほうが効率がよい。

そこで、人事担当者は、子供を持つ母親社員や妊娠中の社員、これから育児をしたいと考えている社員に、どのような支援のあり方がよいかをヒアリングした。そこで出たのは「お金」より「時間」を求める意見だった。そこで、法定通りとしていた育児や介護休業

制度を見直し、期間や回数を法定を大きく上回るものにしようと考えた。そして、導入したのが「最長6年の育児・介護休業制度（2006年8月1日～）」である。法定では育児休業は最長1年間（一定の場合は1年6か月）だが、「必ず戻ってきてほしい」というメッセージを込め、小学校就学時までの6年間は取得可能とした。おそらく日本最長だ。当時、他の大企業の高額な「出産祝金」制度が話題になっていたが、サイボウズはあえて「時間」に焦点をしぼった。短時間勤務の対象や期間も法定を超えるものにした。

最長6年間ではあるが、厳密には3年以上となった場合はいったん退職扱いとし、6年間までは再雇用を約束することにしている。これは、育児休業期間に子が3歳に達するまでは社会保険料が本人も会社も免除されるが、その後は社会保険料が発生するからである。いったん退職し、配偶者の扶養に入れば、本人も会社も負担がなくなる。退職手続きの際には、再雇用のパスを発行する。復帰の時期は、希望日の2か月前までに申し出ることになっている。

また、「産前休暇」は妊娠判明時から取得可能にした。妊娠は、つわりや流産・早産のリスクもある。無理をすることは、本人にとっても周囲にとっても喜ばしくない。そこで妊婦のときから安心して育児と仕事のバランスを取れる制度とした。実際に、制度化の1年前に産休を取得した第1号の社員は、双子を妊娠したこともあり、法定よりも早く予定日の6か月前には産前休暇に入った。「育児短時間勤務」も、妊娠判明時からとし、両親ともに適用可能にした。

制度化してからは、妊娠をきっかけに退職する社員は激減し、この数年は1人もいない。2014年末までに、男性2名を含め24名が育児休業を取得している。ほとんどは1年程度で復帰するが、4年4か月の育児休業を取得した後に復帰した社員もいる。育児休業のプラス面は育児に専念できることだがマイナス面もある。いったんキャリアは中断され、給与収入がなくなる。育児休業給付金が雇用保険から支払われるが、原則1年までしかない。また、都会の保育園では待機児童問題が深刻であるため、0歳もしくは1歳児の段階で入園しておかないと後から入るのが難しくなることもある。まだまだ考えるべきことは多い。

育児休業からの復帰が当たり前になると、続々と復帰してくるメンバーに適切な職務を付与していけるか懸念があったが、今のところ人が余るなどの問題は発生していない。現在、事業は拡大傾向にあるため、むしろ復帰する人を取り合っているのが現状だ。しかし、育児休業に入る前に複数の職務を経験しておいてもらうとよりスムーズに復帰できると気付いたため、若いメンバーのキャリア形成に反映させている。また、育児休業に入ると必ず誰かに業務を引き継ぐことになる。これは業務の属人化を防ぎ、業務効率を見直すことにつながることにも気付いた。さらに、業務を引き継ぐことは、他の社員が持つスキルを効率よく獲得し、自身のキャリアの幅を広げることにもつながる。もちろん業務の引き継ぎには、情報共有ツールであるグループウェアが効果的だ。

最長6年の休業となると復帰時のブランクを気にする声もある。また、長期間職場を離れると、復帰に向けて漠然とした不安感を抱くこともある。そこで、復帰しやすくする工夫として、ここでもグループウェアを活用することにした。普段業務で使うグループウェアとは別に、育児休業中の社員と人事などが気軽に情報を共有できるようにしている。職場の近況報告だけでなく、出産報告や遊び場の話、グッズの譲り合いなど、育児に関する気軽な情報交換を行なうことで、職場との距離感を縮め、心理的な障壁を取り除くようにしている。また、復帰前には実際に来社してもらう機会を作って、面談をしている。久しぶりにメンバーが子供を連れて職場を訪れると、一気に雰囲気が和やかになるから不思議だ。子供の力は偉大だ。

最長6年の育児休業は、メディアで頻繁に取り上げられる話題の1つとなった。企業の認知度やイメージの向上につながり、人材採用に大きな効果をもたらしている。私自身も

ワークライフバランス支援制度の主な特徴

産前産後休暇	妊娠判明時から取得可能。
育児休業	最長６年間（小学校就学時まで）休業可能。休業回数は特に定めない。
育児短時間勤務	妊娠判明時から両親ともに適用可能。 勤務形態については、状況に応じて適宜変更可能。期間は特に定めない（無制限）。
介護休業	要介護状態を問わず最長６年間休業可能。休業回数は特に定めない。
介護短時間勤務	要介護状態を問わず家族を介護する社員が希望した場合に適用可能。 勤務形態については、状況に応じて適宜変更可能。期間は特に定めない（無制限）。
子供の看護休暇	日数は特に定めない。
定年	定年制の廃止。

2010年と2012年に育児休暇を取得した。そして、今年（2015年）は第三子が誕生したため、16時までの短時間勤務を半年間実践した。これでさらに取材依頼が増えた。ありがたいことだが、育児で忙しいので取材はなるべく手短にお願いしたい。

誰でも在宅勤務ができるように。後のウルトラワークにつながった

次は、2010年8月に開始した「在宅勤務制度」を紹介したい。

2010年6月、育児休業から復帰した社員から、在宅での仕事を認めてほしいという意見が出た。「短時間勤務を選択しているが、会社で終わらない仕事を子供を寝かしつけた後に家でしている。時間管理のデータベースには出社時間しかつけていないが、在宅での仕事も認めてほしい」という事情だった。家に帰ってもなお空き時間を見つけて働いてくれるメンバーの意欲をそいではいけない。そこで、在宅での仕事も給与に反映することを承認するとともに、在宅勤務の制度化を進めた。

実は、意見が出る前から人事部でも在宅勤務を検討していた。オフィスでの勤務ができない障がい者や、育児・介護等、ライフ重視の働き方をする社員の就業機会の創出、ライフの支援を目的としていた。しかし、メンバーへのヒアリングを重ね、目的を整理するう

ちに、働く場所の選択肢が増えることは、その他の社員にとっても生産性や業務効率の向上につながる可能性があるとわかった。そのため、特別な事情のある社員だけでなく、全社員を対象に在宅勤務の試験運用を始めることにした。

まず、全社員を対象に月4回まで在宅勤務を認めた。上司にとってはマネジメントが難しくなるので、利用者にはあらかじめ上司の承認を得てもらうことにした。ただし、育児・介護などでやむを得ない事情がある場合は例外とした。曖昧なルールであるが、ものは試しだ。試験導入の開始にあたって、次の5つが懸念点として挙げられた。

①在宅勤務の成果の判断
②勤務時間や働き方の管理
③コミュニケーションコストの増加
④情報漏洩のリスク
⑤モラルの低下

1つ目の在宅勤務の成果については、成果物の品質で判断すればよいという結論に至った。2つ目の勤務時間や働き方の管理については、厳密に測ったり管理したりするとマネジメントコストがかさむので、メンバーにはできるだけ自律的に働いてもらうことが重要だと考えた。そこで、上長には部下の申請を却下する権限を与え、普段から上司と部下の信頼関係作りを促進することを目指した。3つ目のコミュニケーションコストについては、在宅勤務時の報告・連絡・相談をグループウェアに集約することを徹底するとともに、音声やチャットなどのリアルタイムコミュニケーションツールを併用することで、スムーズに在宅勤務ができるよう補完することにした。4つ目の情報漏洩リスクについては、在宅勤務を利用する人やパソコンを事前に審査し、条件を満たした環境のみで利用できるようにすることでリスクの低減を図った。5つ目のモラルの低下については、まずは回数を月4回以下に制限することで様子を見ることにした。

実際に在宅勤務をやってみると、懸念していた問題はほとんど起こらなかった。むしろ、在宅勤務をする人は願いが叶えられたことに感謝し、最大限の成果を上げようと努力する傾向が見られた。在宅勤務を上司や同僚に認めてもらうためには、明確に成果を出し続けなければならない。そんな思いもあるのだろう。試験運用を始めたころは、在宅ではできない仕事が多く、「在宅勤務ができる人とできない人とで不公平ではないか」という意見もあったが、在宅でできる仕事を増やすよう工夫を促した。また、「全員が在宅勤務ができることよりも、したい人ができることが大事だ」という共通認識も浸透していった。

ライフの支援や就業機会の創出には確実な効果が出た。当初、在宅勤務の希望を出した育児中の社員は、週１回、在宅勤務をとることで親子で過ごす時間を増やすことができた。それまでは通勤に時間を要するため保育園で夕飯をとらせていたが、在宅勤務をした日はすぐに迎えに行けるため、一緒に自宅で夕食をとれるようになった。その他の育児中の社員も保育園の行事に休みをとらなくても参加でき、前後で仕事ができるようになった。

在宅勤務が本運用として定着し始めた２０１１年3月11日金曜日、東日本大震災が起こった。翌週は月曜日から大混乱し、交通機関は大きく乱れ、原発事故で出勤に不安を感じる社員が続出した。サイボウズでは在宅勤務に取り組んできたため、ほとんどの業務を在宅でできるようになっていた。そして3月16日水曜日、大手企業が決算発表を延期する中、予定どおり本決算の発表を行なうことができた。在宅勤務の推進は、災害時の事業継続という予想していなかった効果もあることがわかった。

２０１２年8月、在宅勤務制度は、在宅という場所や、時間、回数の制約を外し、「ウルトラワーク」という新しい制度へと発展した。これで時間と場所の制約は、制度上はほぼなくなったと言ってよい。このようにスムーズに制度を発展させることができたのは、サイボウズでは業務の進捗や成果物をグループウェア上で共有し合うことに慣れており、在宅勤務をするための基礎が整っていたことが大きい。しかし、いつでもどこでも働ける権利を振りかざし、上司や同僚の反発を買うようだと運用が続かない。在宅勤務制度では、普段から信頼関係を築くことが何より大事だ。

副業は原則自由。週4日はサイボウズで、週1日は他で働く社員も

次は、2012年に始まった「副業原則許可」の制度変更について紹介したい。

副業を見直したのは社員から人事への質問がきっかけだった。「アフィリエイト（ネット広告の課金方式の1つ）は副業でしょうか?」というものだ。当時、副業は「原則禁止」とし、やりたい人には申請を義務づけ、許可がおりたもののみ可能としていた。禁止の理由の1つは、「健全な労働力の確保」である。精神的・肉体的疲労により業務に支障をきたす可能性を防ぐというものだ。もう1つは、「会社の資産（モノ、カネ、情報、業務時間、ブランド等）を毀損する可能性を防ぐ」ということであった。

インターネットが普及した現代においては、アフィリエイトやネットオークションなど個人が収入を得られる手段はさまざまに存在する。そのすべてを禁止することは実態にそぐわなくなっている。また、副業でなくとも、精神的・肉体的疲労は、さまざまな活動で

も生じる。業務時間外の過ごし方として、ボランティアや趣味は問題なく、副業として金銭的な報酬を受け取ったら問題になるというのは説明がつかない。もし、副業することで本業に集中できずに成果が出なくなってしまうのであれば問題だ。しかし、成果が出なくなれば、その人の給料を下げればいい。給料が下がっても副業からの収入が増えれば本人はよいのではないか。

会社の資産を毀損する可能性も、副業に限ったことではない。それまでに認めた副業を振り返ってみると、書籍を執筆し奥付に社名入りで名前が載るケースがあった。執筆や講演等は、会社の認知度向上につながる。会社の資産を毀損するどころか高めてくれることのほうが多い。また、社外での自発的な活動は、サイボウズ社内では得られない人脈や情報につながり、本人のスキル向上を促進することもできる。その結果、社内の業務に革新をもたらす可能性が高まる。

議論を重ねるうちに、副業は原則禁止ではなく原則許可としたほうが、メリットが多いと考えるようになった。そこで、会社の資産を毀損したり、業務にマイナスとなったりするものを除き、副業を原則許可するよう制度を改定した。注意事項としては、「会社や製品の名前が出る、役職が出る、サイボウズの情報を活用する」等の場合は、サイボウズが背負うリスクを把握したり、通常業務として行なうべきではないかを判断したりするため、事前に所属本部長の承認を得ることとした。また他の事業者に雇用される場合は、社会保険等の関係があるので、必ず事前に人事部門の本部長の承認を得ることとした。上記以外であれば、申請自体が不要である。つまり、会社に言わずに副業してよい。

副業原則許可は、人材の採用において効果を発揮している。複数の企業で働けることや、企業勤めをしながらも個人の仕事ができることに魅力を感じ、スキルや人脈を持った方がサイボウズに入社するようになった。たとえば週4日はサイボウズで働き、週1日は別のところで働く社員もいる。

既存の社員の中からは、サイボウズに勤めながら自分の会社を立ち上げるメンバーが現れた。副業の先には、独立という選択肢もある。そこまで支援できれば1つの流れができる。副業制度の改定と同時期に、「独立支援制度」についても検討をはじめた。人生は長い。いつまでもサイボウズに活躍の場所があり続けるかどうかはわからない。自ら事業を興し、経済的に自立していく社員を育てることは、長期的な視点で雇用の最適化を図ることができる。ベテラン社員が長年培ってきたノウハウへの需要が、社内で減ったとしても、社外にはいくらでも活用の機会がある。それを促すことは社会全体で見れば適材適所となる。本人にとっても、新しい自分の活躍場所を見出し、より幸福に仕事をするきっかけになるだろう。

メンバーが副業している話を聞くのはとても楽しい。通常の業務の範囲では、まず得られない情報や人脈の宝庫だ。今後は副業がもたらすイノベーションに期待している。

「育自分休暇制度」も作る。サイボウズは復帰できる会社です

２０１２年には、「育自分休暇制度」という聞き慣れない制度を作ったので、こちらを紹介したい。

サイボウズでは毎年20人程度の新卒社員を採用しているが、優秀だと認識していたメンバーが入社から数年後に去ることがあった。転職先は、サイボウズよりも随分小規模のベンチャー企業である。気付けばサイボウズも大企業になりつつある。若いメンバーが自分の思い通りにチャレンジする機会を設けられなかったことが背景にあると考えた。退社されたことはサイボウズにとっては痛いが、本人にとってはスキルアップのチャンスだ。若いメンバーがサイボウズを飛び出してチャレンジするのは素晴らしいことだ。そして、経験を積んで帰ってきてくれたら、さらに素晴らしいのではないかと考えた。

そこで、退職した人が再入社しやすくなる制度を作った。当時のサイボウズには、転職

や独立などで一度は会社を離れたが、その後復帰して活躍していたメンバーがすでに何名かいた。このことは制度を作る追い風になった。復職を可能とする期間は、育児・介護休業と同じく最長6年とした。制度の名称は、「育児休暇」にかけ「育自分休暇」とした。若いメンバーが利用することを想定し、退職時の年齢が35歳以下という条件を付けた。退職の理由は、転職でも留学でも何でもよい。

メンバーは、退職の意思表示をした後、人事面談にて「育自分休暇」にするかどうかを確認する。その後、社長が承認し、再就職パスポートを発行して手渡す。復職時は、社長の前で成長の成果を報告し、それに基づき雇用条件を決定する。

この制度を作ったことで、「サイボウズは復帰できる会社」というメッセージを伝えることができた。入社4年目の長山悦子は、海外でスキルアップしたいと「青年海外協力隊」に応募し、アフリカのボツワナ共和国で働き始めた。彼女は、もともと仕事とボランティアをどちらも行なうパラレルキャリアをしていたが、制度をきっかけに、以前から関心のあった海外でのボランティア活動に専念することにした。想像もできない異文化の中で3年間頑張ったら、その経験は仕事に活きると考えたという。サイボウズにとっても、アフリカでの業務経験がある人を雇用できるチャンスはめったにない。今後、真のグローバル企業になるためにぜひ再雇用したい人材だ。他にも、経営やコンサルのスキルを身につけたいと「育自分休暇」ということで外資系のコンサルティング会社に転職した社員もいる。

もちろんサイボウズ社内においても、さらにチャレンジして成長できる環境を提供したいと思っている。しかし、人が成長するプロセスは多様である。私自身、起業前に松下電工という大企業を経験したことは、スキル形成において大きな礎になっている。現在のサイボウズは離職率が下がっており、見方を変えれば社外との人材の行き来が減っていると言える。いったん社外に出て、違うスキルや文化を吸収したメンバーが帰ってきてくれることは心強い。そして、そんな求心力のある会社でありたいと思っている。

定年制の廃止、部活動支援、誕生会の支援……。人事制度作りは面白い

その他、いくつかの人事制度もダイジェストでご紹介したい。

定年制度については、「定年なし」とした。多様性のある組織を目指すのであれば、当然の帰着であろう。２００６年に高年齢者雇用安定法が改正となり、企業は、①65歳までの定年年齢の引き上げ、②継続雇用制度の導入、③定年制廃止、のいずれかを採用することになった。当時、サイボウズには高齢の社員がおらず、会社側が年齢で雇用を区切るこ

とに意味を見いだせなかった。働く限界も本人が選べばよいのではないかということで、定年制を廃止した。現在、正社員の最年長は63歳。まだまだ現役だ。

部活動を支援する制度もある。社員の増加とともに、プライベートでも一緒にスポーツをするメンバーが現れた。野球をするメンバーが集まり、「チームとして試合に出るので補助してほしい」と人事部に申し出たのがきっかけで制度ができた。よくあるメジャーなスポーツに絞って支援するのは多様性に反する。そこで、どんな活動であろうとも、5人以上を集めれば、部員1人あたり年間1万円を補助することにした。その結果、NintendoDS部、掃除部、ジェルネイル部など、多少変わった集まりも含め、22の部活動が誕生した。組織にとってのメリットは「社内コミュニケーションの活性化」である。企業の規模が大きくなると、部門が増えたりフロアが分かれたりして、部門を超えた人脈を形成することが難しくなる。もし、部活動が活発に実施されれば、さまざまな人のつながりが生まれ、仕事がスムーズに進むようになるはずだ。そこで、さまざまな部活動を補助する代わりに、3つ以上の本部をまたぐメンバーを集め、半年に3回以上活動し、さらに活動報告書を全社掲示板にアップすることを義務付けた。活動が減れば補助金は停止される。部活動が増えた結果、秋には合同合宿のようなイベントが毎年開催されており、社内恋愛の活性化にも貢献しているようだ。

部を作り、メンバーを集め、モチベーションを維持しながら活動を継続するのは簡単ではない。そこで、もっと気軽に開催できる単発イベントも支援することにした。「イベント10（いべんとう）」という制度だ。本部をまたぐ10人以上で業務時間外に行なうイベントに対し、費用の半額を1人あたり上限2千円まで補助するものだ。バーベキューやサバイバルゲームなど食事会や遊びに使用されている。業務ではつながりの薄い人とも親睦を深める機会となっている。

誕生会を支援する制度もある。制度ができる前は、社員の誕生月に花やワインを贈り祝っていた。中小企業らしい取り組みだ。しかし、「自分たちで企画したい」と社員から意見が出たため、会社は費用だけを負担し、社員の自主性に任せることにした。全社で同じ誕生月の人が集う企画に対し、1人あたり3千円を補助している。この制度も目的は「社内コミュニケーションの活性化」だ。普段は仕事で接点が少ないメンバーでも、毎年誕生会で顔を合わせていれば、だんだん親しくなってくる。なかには、補助金なしで半年祝いをする結束力の高い誕生月もある。もちろん誕生会に参加しない社員も存在するが、まったく問題だと考えていない。多様性のある組織においては、強制参加を求めるのではなく、自分のスタイルを大切にし、ビジョンに共感して人が集まることが大事だと考えている。

日本の高度成長期においては「飲みニケーション」と呼ばれる非公式なコミュニケーシ

ョン活動が活発だった。賛否両論あると思うが、打ち解けた場で深く仕事の会話ができたことのメリットは大きかっただろうと私は考えている。しかし、外食は費用がかさむし、時間もかかる。そこで、社員から「会社のラウンジや会議室を使い、ケータリングを取って話し合えばよいのでは」というアイデアが挙がり、「仕事Bar」という制度ができた。会社でリラックスした雰囲気の中、自発的に仕事の話をする「場（Bar）」に飲食費を支援する制度だ。部署をまたぐ5人以上が集まる会が対象で、1人あたり1千500円を補助する。テーマを決め、議論した内容を後で社内掲示することが条件だ。利用目的は、他部門からの情報収集、ブレインストーミングなどのアイデア出し、海外など珍しい場所への出張報告会などに利用されている。

他にも、勉強会の開催を補助する「スタ場」や、社内ノウハウの流通を目指した「サイボウズ・ユニバーシティ」など、さまざまな制度が作られている。みなさんの参考になる制度はあっただろうか。人事制度を作ることは、意外とクリエイティブで楽しい作業だ。これからも、今までの制度にとらわれることなく、面白い制度作りにチャレンジしていきたい。

第5章

制度を活かす風土を作る

なぜ、大企業の男性は育児休暇を取らないのか？ 制度だけでは足りない

企業において人事制度は全メンバーの働き方に大きな影響を与えることができる。しかし、人事制度を作り替えれば組織は改善するだろうか？　世の中には優れた人事制度がたくさんあり、それを真似て自社でも導入しても、うまくいくとは限らない。なぜならば、制度を使うのは人間であり、使いこなせるかどうかで効果は変わってくるからである。

たとえば、日本では「ノー残業デー」という制度を取り入れている企業が数多くある。毎週水曜日は残業をせずに帰りましょう、という制度である。従業員のワークライフバランスを推進し、メリハリを持って働いてもらうことを目指したもので、目的も制度も明確だ。しかし、うまく運用されているだろうか。強制的に社員を会社から追い出すだけの制度になっていないだろうか。「もっと働いて早く仕事を覚えたい」と考える若者の意欲をそいでいないだろうか。ノー残業デーの日は残業代を申請しづらく、「サービス残業デー」になっていないだろうか。ノー残業デーの取り組みは、日本の大企業では20年以上前から実施されている。それによって、日本の長時間労働文化は変化したのだろうか。制度があっても機能するとは限らない。

男性の育児休暇取得についても考えてみる。ほとんどの企業において、制度上は男性が育児休暇を取ることができる。しかし、使われない。日本における２０１４年度の男性の育児休暇取得率は２％強だそうだ。しかも、大企業と中小企業を比較すると、大企業のほうが低いそうである。大企業のほうが、人材面においても財政面においても余裕があるにもかかわらず、男性が育児休暇を取らないのである。どうしてこのような現象が起きるのか？

私はかつて松下電工という大企業に勤めていた。男性の育児休暇取得制度も整っていた。しかし、周囲で取る男性はいなかったし、もし私がそのまま松下電工に残っていたら、育児休暇を取らなかっただろうと思う。大企業において前例が少ないことをするのはリスクだ。自分が組織に染まらない特殊な人間であることを宣伝するようなものだ。せっかく４年制の大学を出てエリートコースに乗ったにもかかわらず、育児休暇の取得をきっかけに、その道を外れる可能性が高まるのであれば、そこまでして育児休暇を取るメリットがない。

育児については、通常は上司に理解がない。家庭を顧みず仕事に没頭してきた人たちが出世して管理職をしているのが今の日本だ。育児休暇どころか出産の立ち合いですら理解されにくい。「男のくせに職場から逃げるのか？」そんな声が聞こえてきそうだ。

そんな新米パパの不安を解消するため、新しいルールを作るという手段もあるだろう。

「育児休暇を取った男性社員に対し、昇進でマイナスの評価をしてはならない」という類のルールだ。だが想像してほしい。これで不安は解消されるだろうか。

制度を作ったものの、「恐ろしくて使えない」とか「悪用されている」とか「制度だけあって形骸化している」とか「制度が知られていない」とか、企業のよくある光景だ。男女雇用機会均等法は1986年から施行されている。しかし、30年近く経った今でも、女性は不利益な扱いを受け続けている。制度を定めただけでは問題が解決しないという現実を我々は受け入れるべきだろう。

「制度」は「風土」とセットで考える。風土とは、メンバーの価値観のこと

では、どうすればよいのか? 私は人事制度についての講演をよく依頼される。講演の後、受講者からよくこういうフィードバックを受ける。「いやぁ、うちの会社では無理です。古い考えの人が多いですし、サイボウズとは文化が違いますから」。なんとも後ろ向きな意見だが、そこに答えがありそうだ。そう、文化を変えなければならないのだ。制度の導入とともに、従業員の考え方を変えていく必要がある。

私はこの課題を説明するとき、「風土」という言葉を使うことにしている。制度を作る

とともに、制度を活かすために、企業の風土を変える必要があるということだ。風土とは、メンバーの価値観である。この組織において何を大事にするか、という判断基準である。「制度」と「風土」を作り直す。これをセットで考える。

しかし、もう一歩踏み込んで考えると、風土を変える活動には終わりがない。時代は常に変わり続ける。制度とともに、従業員の考え方も変え続けなければならない。時代時代、会社会社に応じて、最適な制度、最適な風土は違う。一度、制度を作り、それを活かす風土を醸成しても、すぐに風化してしまう。

制度と風土は車の両輪だ。両方とも変え続けなければ、前に進むことはない。時代は変化するのだから、変え続けなければならない。どのような制度や風土が理想的かを議論するのではなく、「今年はどの制度とどの風土をどのように変えるべきなのか？」という議論が有効であると思う。

「仏作って魂入れず」という言葉がある。形は完成しても、そこに想いがなければ意味はない。我々は、人事制度を作れば終わりだと思っていないだろうか。風土変革のない制度変革は効果なし。制度を変えるのは難しくない。経営者が本来取り組むべきテーマは、風土作りである。サイボウズでも、制度作りとともに風土作りにチャレンジしてきた。その取り組みを紹介したい。

制度にぶら下がる社員は出てこない？
制度には、理想となる「目的」を明記する

サイボウズのさまざまな人事制度について、今まで数多くの質問をいただいてきた。よくあるのが、「制度にぶら下がる社員が出てきませんか？」という疑問だ。ある大企業に勤める方からは、「我が社は福利厚生制度が充実しています。しかし、たいして働かないのに権利だけを主張する人が増え、不公平感が広まっています」という話を聞いたことがある。

なるほど。せっかくの制度が機能していない。まさに制度はあっても風土がない問題だ。制度と風土の両輪を同時に回していかないと、期待した方向に組織は進まない。片方の車輪だけを回すと、ぐるっと回って組織は混乱する。

以前、サイボウズでもこんなことがあった。ある社員が退職することが決まった。ちょうど決算期が終わるタイミングだった。その社員はこう言った。「1か月、退職日を延長したい。そうすれば、来期の有給休暇が20日付与され、もう1か月休みながら給料をもらえる」。何かがおかしい。何がおかしいのだろうか？

そもそも制度には、達成したい理想がある。有給休暇という制度の場合、1年間健康的

に働き続けるために、適切に休息を取るのが理想だ。だから、1人1人が自分の仕事や疲労度を考慮して、休む日を選択できるようにしている。もうすぐ辞めることが決まっているのに、1年分の有給休暇をもらって、働かずに給料だけもらうのは違うんじゃないか。制度上は正しくとも、目的に沿った使い方ではない。

このような使われ方を防ぐためにどうすればよいのか。法律的なことを抜きにしてすぐに思いつくのは、制度の適用範囲を細かく規定するという方法だ。有給休暇の場合、付与条件を細かく定めていくことになる。「退職が決まっている場合は……」「上半期に使える有給休暇は……」といった具合だ。この方法は有効かもしれないが、一歩間違うと泥沼化する。抜け道が見つかるたびに、細則を追加して防いでいかねばならない。制度を細かく定義すればするほど、運用やメンテナンスにコストがかかる。そして、大変残念なことに、従業員にとって喜ばしいものだったはずの制度が、がんじがらめでつまらないものになっていく。では、どうすればよいのか？

たとえば、「信号」という制度について考えてみる。我々は子供のときから「青信号は進んでよいが、赤信号は止まりなさい」、こう教えられてきた。しかし、現実は違う。信号が青であっても、目の前に通行者がいれば止まらなければならない。ぶつかったら怪我をするからだ。赤信号であっても、誰もいない田舎道であれば、進んでも大きな問題にはならない。誰も困らないからだ。つまり、信号という制度は判断する際の目安に過ぎず、もっと大切なものを認識して判断しなければならないということになる。信号という制度の場合、「より多くの人が、安全に、そして効率的に通行できるようにしたい」という「目的」がある。この「目的」をお互いが理解し、共感し合っていれば、制度は柔軟に運用され、さらに効果が高まる。

基本法則を思い出そう。人はそれぞれの理想に向かって行動している。制度を適切に運用したいのであれば、その制度がどんな理想を実現しようとしているのかを伝え、共感を得ることである。そうすれば、理想に沿わない行動は防げる。そこで、サイボウズ社内の制度については、すべて理想となる「目的」を明記することにした。と同時に、その目的に沿って運用されない場合は、制度は廃止すると伝えた。制度は目的のための手段に過ぎない。目的に沿って使われないのなら制度は必要ないことをメンバーの共通認識とした。

1つ事例を紹介したい。サイボウズでは、出張時に外出先で時間があるとき、喫茶店やレストランで仕事をすることを認めている。そして、そのときにかかるコーヒー代を会社経費で落とせる制度を作った。外勤が多いメンバーにはうれしい制度だが、一歩間違うと危険だ。一部のメンバーの既得権益となるリスクがある。そこで、私から以下のようなメッセージをグループウェア上で発信した。

昨日、外出時のコーヒーショップの費用負担について、会社補助のルールを承認させていただきました。外出していて空き時間ができたとき、コーヒーショップで仕事場を確保するための補助になります。今まで個人で負担させていたとのこと、誠に申し訳ございません。今後は遠慮なく会社費用でご利用ください。

制度は「目的」が大事です。今回の制度は、「コーヒー代を個人に負担させるのはかわいそうだから」という目的ではありません。内勤しているメンバーのドリンク代は自腹で払ってもらっています。外勤しているから優遇されていい、という話ではありません。

サイボウズにおけるすべての制度は、「グループウェア世界一」のための制度です。今回の制度は、外出時にさらに効率よく働いていただくための投資です。外勤メンバーが世界最高レベルの成果を上げるための投資です。サイボウズらしい、見事なコーヒーショップの活用に期待しています。その目的を無視して運用されるのであれば、制度はすぐに廃止しますことをご理解ください。

そして、コーヒーショップは公の場ですので、パソコンやスマホの画面を他人に見られないようご注意をお願いします。

制度の目的が浸透していれば、制度を悪用する人は出てこない。むしろ、制度を活用したすごい働き方を編み出してくれるかもしれない。

部活動の支援は福利厚生ではない。「制度の目的」と「全社の理想」の関係

どのような制度であっても、すべて組織全体の長期的な理想に結びつけるべきだと考えている。理想マップで表現すると、右上の理想とリンクすべきだと考えている（117頁参照）。サイボウズの場合、最高のグループウェアを作り、それを世界中に広げるのがミッションだ。グループウェア事業を通じて、世界中のチームワークを向上させるために我々

は働いている。その理想に結びついた活動以外は不要だ。他の組織でやればよい。どのような制度であっても、全社の理想との整合性を考えておきたい。

たとえば、サイボウズの部活動支援制度の目的を「福利厚生」という言葉で片付けたくないと考えた。多様性のある組織においては、一部の人にとって福利厚生の価値があっても、別の人にとっては無価値だ。部活動に補助金を出しても喜ぶメンバーだけではないのだ。「私は部活動に参加しない。そんな金があるんだったら給与で公平に還元してほしい」と考えるメンバーがいるのが多様性だ。多様性のある組織において、共通化できる判断基準は、全体のミッションや組織・個人のあり方の定義しかない。だから、部活動を支援する制度も、我々のミッションであるグループウェア事業に貢献しなければならない。

そこで、部活動支援制度の目的を明記した。「サイボウズはメンバーが増え、部門間でコミュニケーションする機会が減っています。他部門に知り合いがいて、気軽に相談できる環境があれば、業務の効率は高まります。部門間コミュニケーションの活性化のために、部活動を支援します」。すると、その目的を満たすために制度の細則が決まった。「どんな部活動でも補助金を出しますが、3つの部門をまたがって5人以上集めてください。少なくとも半年で3回は活動し、活動報告を全社掲示板で発表することで部門間コミュニケーションを促進してください」。

サイボウズにおける部活動支援の目的は「部門間コミュニケーションの活性化」である。「健康増進」や「ストレス発散」ではない。だから、一部の人たちが陰でこっそり盛り上がるような部活動は認めない。目的に反するからだ。逆に、目的に沿っていれば、どんな部でもかまわない。そして、その目的は組織全体の理想に貢献するものでなければならない。

他の制度も同じである。なぜ在宅勤務を認めるのか。なぜ育児休暇を6年取れるのか。なぜ従業員持株会に補助金を出すのか。すべては優れたグループウェアを作り、広げ、チームワークあふれる社会を創るためだ。

すべての制度には「目的」が存在する。その目的について議論し、共有し、共感していれば、制度は有効に運用される。そして、すべての制度は組織全体の理想に紐づける。それに矛盾するなら廃止する。この一貫性が、メンバーに納得感や一体感をもたらす。もし制度の浸透度を測るのであれば、制度の目的について社員に聞いてみるとよいだろう。答えに詰まるようであれば、まだ道半ばだ。制度の目的を浸透させることが、風土作りの基本だと考えている。

どうすれば共感してもらえる制度になるか？
鍵は、制度を作るプロセスにある

制度の目的を明確にしたからといって、必ず共感してもらえるわけではない。新しい制度を作った途端、「現場のことも知らずに、勝手に作りやがって……」とか「また上から制度が降ってきた」とか、一部の人から思わぬ反発を食らうことも多い。「せっかくメンバーのためを思って作った制度なのに……」と起案者が意気消沈するのを何度も目にしてきた。どうすればこのような事態を避けられるのか？

1つの解は、制度を作るプロセスにあると考えた。制度を作るプロセスに参加した人は、制度の目的を深く理解し、どうしてその制度に落ち着いたのかを説明できる。自分の意見が反映されていれば、なおさら思い入れが深くなる。しかし、そのプロセスに参加していなかった人にとっては、新しい制度ができたこと自体が青天の霹靂になる。「誰かが勝手に決めた」「自分の意見は聞いてもらえなかった」と心を閉ざすこともある。いったんこの状態になると、理解と納得を得るのは難しくなる。感情的になるからだ。制度を決める前に対処しておかないと、後々余計なコストがかかる。

そこで、制度を作るプロセスをオープンにした。グループウェア上の全社掲示板に、作っていく過程を公開した。新しい制度の議論を開始する前に、まず掲示板で問題提起がなされる。「現在、このような問題がある。解決したいのだがいかがだろうか?」。最初はそれだけでいい。もし「いいね」ボタンが押され、共感する人がいることを確認できたら、人事部の支援を受けてワークショップを開催し、興味のある人を集めて意見を聞いてみる。できるだけ参加しやすい時間や場所を選び、ときにはビデオ会議で遠隔地からも参加してもらったりしながら意見を集める。「仕事Bar」制度を活用し、軽食やドリンクを提供すると、さらに参加してもらいやすくなる。

意見が集まれば、それをまとめて再度掲示板に公開する。すると、興味がなかったはずの人たちの心が動き、さらに意見が集まったりする。それを何度か繰り返すと、解決したい問題の構造と、効果的だと思われる課題、懸念されるリスクが整理されてくる。あとはそれを人事部が制度にまとめて起案し、社長が承認して意思決定をする。このプロセスだと社長は楽だ。多くのメンバーがすでに制度の目的や内容について共感しているので、承認後に反発を招く可能性は低い。しかも、すでに理解が深まっているため、上手に運用されていく。

ここで効いてくるのが「自立」の考え方だ。第2章では、このサイボウズという組織において、各個人に「自立」を求めることを決めたと書いた。社員に自立を求めることは、主体的な参加意識を促す。サイボウズにおいては、全社員に質問責任と説明責任があり、疑問に思ったことがあれば、他のメンバーの業務であっても質問を投げかける責任がある。制度の議論が全社掲示板で公開されているということは、全社員が質問責任を果たすチャンスを与えられているということだ。だから、後で制度について愚痴を言うのは卑怯だということになる。

社員が自立意識を持つことの効果は大きい。主体的な参加者が増え、優れた知見、優れた意見が急速に集まる。当然ながら品質の高い制度の立案につながる。

また、メンバー同士で多様な価値観を交換する機会にもなる。自分では当たり前だと思っていた働き方が、実は他のメンバーにとっては当たり前でないことを知る。多様性を肌で感じる機会を持つことで、互いの偏見を乗り越え、議論しながら双方に心地の良い方法を探す習慣が身につく。

問題提起、共感、議論、集約、起案、承認と、制度が作られていく過程をできる限りオープンにする。プロセスを公開することは、制度を活かす風土作りに役立つ。プロセスをオープンにすると、いろいろな人からあれこれ言われて面倒くさいと思うかもしれない。

しかし、後で言われて手直しすることを考えれば、できるだけ先に言われておいたほうがコストもリスクも低くなり、さらにクオリティも高くなるというのが我々の考えだ。

制度の活用は率先垂範。私も育児休暇を取得した

制度と目的が決まった。プロセスにも配慮し、メンバーの共感も得た。さぁ、制度を使おう。しかし、今までになかった制度を最初に使うのは勇気がいる。ここでリーダーの出番だ。リーダーが使えば、メンバーも安心して使えるようになる。制度の利用を促すときに、リーダーが先頭に立って率先垂範するのは有効だ。

サイボウズが働き方の多様化に取り組むようになって数年が過ぎたとき、我が家に長男が誕生した。さて、どうしたものか。普段は働くママを支援するような発言をしておきながら、私自身はできるだけ育児に時間を割きたくないと内心で思っていた。行動を変えるなら今しかない。迷っているときに追い風が吹いた。私の住む文京区の成澤廣修《ひろのぶ》区長が育児休暇を取るというのだ。全国自治体の男性首長として初めての快挙である。イクメンブームの先駆けである。区長と私の長男が偶然同じ日に生まれたことがきっかけで、お会いして指南をいただき、私も育児休暇を取得した。その後も私の育児ライフは加速しており、

以前と比較できないほど残業時間は減った。

当然ながら、社員は私が早く帰るようになったのを見ている。サイボウズでは、そういう働き方でもよいのだという価値観が広がると、社内の空気が変わった。定時前に帰宅するママやパパは、以前は申し訳なさそうに頭を下げながら退社していたが、今は元気よく会社を出ていく。社内で大きなイベントがあると、社内に臨時託児所が開設され、子連れで参加できるようになった。リーダーの行動をメンバーは見ている。

育児をしやすい環境を整えていく過程で、一部の社員から「育児する人だけが優遇されている」という声が挙がった。こういう不公平感が出てきたときこそリーダーの出番だ。この組織において何を優先するかを明示しなければならない。育児の場合はシンプルだ。子供がいなくなると次の市場がなくなるのだから、仕事のほうが優先されるはずがない。言い換えると、育児は長期的な顧客創造業務だ。職場を離れて育児に取り組むメンバーに対し、「どんどん育ててね」と言える職場にしたいと私が繰り返し発信すると、不公平感を訴える声は減った。風土とは、組織における共通の価値基準である。何が何より大事なのかを明示することで風土は作られる。

サイボウズでは「公明正大」を重要な価値観として選択した。嘘のない、隠し事のない個人の集団を目指すことを決めた。しかし、嘘偽りなく事実を開示することはリスクを伴う。問い詰められるかもしれない。責任を問われるかもしれない。はしごを外されるかもしれない。「公明正大」という方針を定着させるには、風土を作らなければならない。メンバーはリーダーを見ている。リーダーが公明正大を重んじ、その価値観を貫こうとしているかどうかを見ている。

そこでサイボウズでは、上場企業の社長が最も憂鬱な会議であろう「株主総会」をインターネットで生放送することにした。業績を説明する部分だけでなく、批判が飛び交う質疑応答の部分も含めて全部である。私自身が集中砲火を浴びるところを社員を含めて社会に開示することになる。私がつまらない回答をしたら、ネット民によって批判の弾幕が私の顔の上を流れる。私自身がリスクから逃げずに公明正大な姿勢を見せる。だからこそ、私はメンバーに対して「常に公明正大であれ」と求めることができる。

またサイボウズでは年に一度、社員による「経営者評価」を実施している。本部長・副本部長以上の役職者を社員全員が評価する仕組みだ。点数を付けるとともに、自由にコメントを付けられる。「さっさと辞めてください」「あなたでは限界です」など、厳しいコメントも多い。もちろん匿名である。

役職者は、この評価を受け取った後、合宿を行なって課題を設定する。普段、役職者は多くの部下を評価し、成長を促している。メンバーに求めるなら、まず隗《かい》より始めよ。役職者が率先垂範し、厳しい評価を受け止め、自己の成長の機会を探し、課題を設定して取り組む。給料が高いメンバーが評価から逃げるようであれば、評価制度を運用する風土は崩壊する。

率先垂範は、リーダーに学びの機会を作る。よく「リーダーは現場を知るべきだ」と言われる。それを「リーダーは先にチャレンジすべきだ」と言い換えたい。新しい制度、新しい価値観にチャレンジすることで、新しい学びを得られる。その学びをメンバーに還元することで、リーダーとしての信頼を高め、風土を作っていく。

私自身、子育てに参加することで多くを学んだ。それまでの私は仕事に集中して時間を割いてきたため、ソフトウェア業界についての知識に偏っていた。しかし、子育てを通じ、社会について学ぶ機会を得た。教育、医療、福祉、自治体、政策、少子化問題。仕事中心の生活では経験できなかった、社会の事象に数多く触れることができた。実体験を通じて理解を深めることができた。それによって、私は単に会社のためでなく、社会にとって良いかどうかを判断できるようになった。私は子育てを通じて、「会社人」から「社会人」に進化した。率先垂範は、風土を作るだけでなく、リーダーに学びを与える。チャレンジできなくなったリーダーは去ったほうがよい。

「理念を石碑に刻むな」。制度作りと風土作りに終わりはない

風土作りが進むと、会社の雰囲気が明るくなる。メンバーが自発的に提案し、オープンな場で建設的な議論が行なわれる。ネガティブな発言は減り、未来に希望を感じるようになる。自分たちの好きなように会社を変えていけるという実感を得る。しかし、慢心は禁物だ。今作った制度も風土も時代に合わなくなる日が必ずやってくる。変えていかなければ、負の資産となって我々にのしかかる。

社員がメディアからインタビューを受けているとき、「サイボウズは本当にいい会社で……」と力説しているのを見て危機感を感じたことがある。「今がよい」ことが「今のままでよい」ことにつながりはしないか心配になった。

風土作りの終盤戦は、「変え続ける」文化を創ることである。変えることが当たり前の風土ができれば、変わり続ける組織になる。しかし、現行の制度・風土がメンバーに支持されていればいるほど、変える理由に乏しくなる。変化に対して抵抗感が生まれる。無理に変えてうまくいかなかったら、「変えないほうがよい」という逆の風土作りにつながり

かねない。

現在のサイボウズはすでに小企業ではない。グループ全体で従業員は５００人を超え、その何倍かの家族の生活基盤となっている。２００社ものパートナー企業とともに、６万社を超える顧客企業がおり、その先のグループウェア利用者まで数えると数百万人に及ぶ。我々の制度の変更いかんによっては、周囲に多大な影響が出ることを認識している。そんな責任を背負いながら、適切なタイミングで、適切に変えていきたい。難問だ。どうすればよいのか？

まず、スモールスタート・スモールチェンジという手段が有効だろう。新設・変更する制度の適用範囲を制限し、小さく始めることで失敗のリスクをコントロールしながら進める方法だ。制限するのは、期間（一定期間で終了する、など）、対象者（一部のメンバーだけで試行する、など）、条件（上司が承認したときだけ、など）、回数（変化が大きくなり過ぎないよう上限をつける、など）がある。人は、リスクをコントロールできると思えば、意外と大胆になれる。安全だとわかっているジェットコースターであればお金を払ってでも乗りたがるのと同様に、リスクをコントロールできる新しい制度であればチャレンジしてみたいと思う人が現れる。チャレンジすれば学びを得る。たくさんの学びがあれば、適切なタイミングで適切に変えられるようになる。

2014年の夏は「子連れ出勤」という制度にチャレンジした。夏休みに入ると学校が休みなので、小学校低学年の子供を持つ親は大変だ。預け先として学童保育があるが、毎日行きたがるとは限らない。そこで、子連れで出勤してよいことにした。この夏限定の制度だが、リスクはある。事故が起きないか。来訪者に迷惑をかけないか。仕事に支障が出ないか。悩ましい。しかし、問題が起きれば制度を取り下げることを前提にチャレンジした。連れてきた子供の遊び場として、オフィスの一部を開放した。そこで遊んでもらったり、社内会議に出席してもらったりした。会議では「ママ、そろそろ時間だよ」とタイムキーパーまでしてくれたらしい。我々にとっていくつも学びがあった。子供の受け入れ方だけでなく、他のメンバーへの影響も見えた。子供が職場にいると、心が癒されたり、自分のライフについて思考を深めたりできる。そして、子供たちにとっても、親の職場を訪問することで大きな学びがあったに違いない。

「効果が薄かったり、悪影響が大きければ、取り止めて前のやり方に戻します」は、サイボウズでよく使われる言葉だ。駄目なら取り止める。これが当たり前になると、ネガティブで意固地な反対に対処するコストを下げられる。もちろんうまく効果が出ないこともある。そのときは、さっさと取り下げるか、発見した問題に課題を設定して粛々と改善していくだけだ。

また、「細則は後から決める」という運用方法も場合によっては有効だ。多くの人が対象となる制度については、総論賛成・各論反対に陥りやすい。多様性がある組織においては、細部で必ず意見が割れる。「大まかな方針としては賛成だが、詳細については反対」という状態だ。我々は、制度を細かく決めなければ開始できないと考えがちだ。しかし、「問題が発生したら議論して解決しましょう」という相互の信頼関係があれば、細かいことを決めずにスピーディにトライできる。全員の意見を聞き、山のような細則ですべての穴をつぶしにかかるよりも低コストである。

たとえば、独立支援制度はまだ具体的な支援内容が決まっていない。大きな方針として打ち出しているだけで、希望者が出てきたときに面談しながら個別対応をしている。なにしろ、まだ希望者がほとんどいないのだ。どういうニーズが出てくるかわからない。現在は、社内でワークショップを開催し、将来的に独立を検討しているメンバーが議論をしているところだ。具体的に事例を1つひとつ積み重ねながら、徐々に使える制度に育っていけばよいと考えている。

また、全体の制度とは別に、現場で細則を決めてもらう方法も有効だ。たとえば、在宅勤務制度の場合、サイボウズ全体としては認めているが、あくまでも部門ごとのルールを優先することにしている。それぞれの部門では、やはり事情が違う。自由度の高い部門もあれば、制約条件が多い部門もある。その細則を各部門長に任せることで、部門長の理解を得やすくなる。さらに、部門長が現場ニーズに合った工夫を凝らすことで、より使いやすく効果的な制度になっていく。

サイボウズにおいては、人事制度は生き物のようだ。日々、変化し続ける。よく取材で取り上げられる「働き方の選択」制度は、当初「残業をするか、しないか」の2つの選択肢だったが、今は、働く時間の長さに加え、場所の自由度を掛け合わせ、9種類の働き方を選択できるようになった。給与の受け取り方も、時給型、月給型を選べるようになった。我々が目指す多様性とは、1人1人が自分らしく働けることだ。制度は時代とともに日々変化させていきたい。

副社長の山田と「理念を石碑に刻むな」という言葉を作った。企業という集団が最後の拠り所となる企業理念ですら変えてよいという意味だ。私が毎週主催する本部長会という会議体では、毎回のように人事制度をテーマに議論がなされている。変えられるから、すぐ試せる。トライ&エラーをしながら制度が進化していく様子を公開すると、メンバーの意見が集まるようになる。変化を作っていくのは1人1人の責任だと感じてもらえるようになる。

経営者はよく「変化が大事だ」と口にする。しかし、そういう経営者の多くが変化に対応できないのを見てきた。何が足りないのか。多様性への理解だと考える。変化とは新しい何かを受け入れることだ。自分とは違うものへの興味や尊重が変化につながる。多様性とは、変化への柔軟性でもある。

感動も報酬になる。「人事部感動課」の活躍

この章の最後に、風土作りに大きく貢献している活動を紹介したい。それは「人事部感動課」である。人事部なのに採用も育成もせず、ひたすら社内に感動を生み出す課だ。

福西隆宏という社員から始まった。もともと彼は開発本部に所属し、製品に関するマニュアルを作成するのが仕事だった。彼は毎回新しいアイデアを盛り込み、読みやすいマニュアルを生み出し続けていた。それと並行して、彼は社内報を発行していた。業務ではない。メンバーを集め、勝手に発行していた。しかし、これが面白い。発行されるたびに社内で取り合いになった。

それを見て、人事部門を担当していた副社長の山田がひらめいた。彼の能力を活かす場

所を新たに作れるのではないか。サイボウズもずいぶん大きな組織になってきた。社員の数も、プロジェクトの数も、拠点の数も増え、誰がどんなところで頑張ってくれているのか、知りたくても知ることのできない規模になってきた。彼の能力を活かせば、社内の情報共有を活性化できるかもしれない。

そして、２０１１年2月、新しい課が作られた。人事部感動課。福西を課長とする組織だ。部下はいない。そもそもフラットなサイボウズには「課」がない。１人だけの人事部感動課。

感動課の業務は多岐にわたる。たとえば、新人研修があれば後をついていく。若手の研修にはトラブルがつきものだ。自分の意見を上手に表現できない人、議論が白熱して同期と喧嘩した人、成果を出せずに落ち込む人。感動課はそれらを観察しながら撮影して記録に残す。そして研修の終わりに編集した動画を流す。さまざまな思いが込み上げ、多くの新人が涙する。感動課にとっては毎年参加する新人研修でも、当事者にとっては人生で一度きりの新人研修だ。感動課は毎回毎回が勝負だと彼は語る。

感動を生み出すことができなくなったとき、感動課の役割は終わる。しかし、現時点では感動課の勢いはすさまじい。イベントのたびに新たな感動を引き起こし、福西を称賛する声がグループウェア上に流れる。今や福西は社長を上回る人気を誇る。感動課は１人しかいないが、彼の協力依頼を断る社員はいない。感動課は巨大な地下組織となりつつある。

製品のリリースがあると感動課の出番だ。ソフトウェアの開発を主業とするサイボウズにとって、製品のリリースは節目となる出来事だ。サイボウズの製品開発は、東京・大阪・松山・上海・ベトナムの5拠点が連携している。今までもリリースパーティを開催することはあったが、リリース前後の忙しさは尋常ではなく、どうしても企画が片手間になってしまっていた。心の底からリリースを喜ぶものにしたい。それを感動課が一大イベントに変えた。

福西は、製品の開発着手から販売に至る過程を詳細に取材する。誰がどのような努力をしたのか、グループウェア内を検索することから始まり、自ら聞き込み調査を実施してネタを集める。海外拠点にも取材に行く。顧客やパートナーのところにも行く。家族や実家、元社員にも取材をする。そして、集めたネタを動画にまとめたり、冊子にしたり、新聞にしたり、グッズにしたり、賞状にしたり、式典にしたり、社内を飾り付けたり、工夫を凝らして仕上げていく。人知れず頑張っていたメンバーをあえて表舞台に引き出す。メンバーはその陰の努力に触れ、心を打たれる。感動と涙。働く喜びを感じることが、次のモチベーションを生み出す。

私も彼が企画したイベントで号泣したことがある。陰で支え続けてくれた人や迷惑をかけてしまった人のことを思い出し、全社員を前に涙が止まらなくなった。福西はそれを見て、してやったりとにやけていた。そう、彼の仕事は感動させること。涙を引き出せば成功なのである。

彼が感動を生み出すためにまとめた5つの要諦「kando5+1」を紹介したい。

①「努力」　努力なきところに感動なし
②「メッセージ」　伝えたいメッセージこそが感動の華を咲かせる
③「共感」　共感があればあるほど感動の華は大きくひらく
④「手間」　手間をかけることでメッセージがより深く響く
⑤「サプライズ」　サプライズが感動の種に芽を出させる
+1「for you」　その努力が自分のためではなく誰かのためだった場合、感動は最大化する

感動を生み出し続けるのは容易ではない。予想していなかったところに感動はある。一回使った手は忘れられるまで使えない。毎回、新しい手法を生み出し続ける必要がある。ハードなクリエイティブ業務だ。

福西はこう語る。「僕が感動を生み出してるんじゃない。すでに社内の日々の活動の中に感動はあって、僕はそこにスポットライトを当てているだけだ」。いつか人事部感動課が映画化されることを福西は期待している。

サイボウズはグループウェアの会社だが、グループウェアを作る人と売る人だけの組織ではない。世界中をチームワークあふれる社会に変えるため、我々自身が新しい組織のあり方にチャレンジしたい。人事部感動課もその1つだ。この事例を読んだみなさんは、福西の属人的な特殊能力だと思うかもしれない。しかし、みなさんの職場にも感動課の候補がいると思う。世界中の企業に感動課ができる日が来ると期待している。

従業員は企業に所属し、労働力を提供することでさまざまな報酬を受け取る。報酬は給与だけではない。仕事の内容だったり、職場環境だったり、企業のブランドだったり、従業員の喜びにつながるさまざまなものが報酬となりうる。そこに「感動」を足してはいかがだろうか。我々は企業から受け取った給与を使い、映画を観に行って感動を得る。もし職場でも感動を得られるのであればダブルインカムだ。しかも、自分の所属する組織で、身近な人が与えてくれる感動は深さが違う。お金で買えない大きな報酬だ。こんなに美味しい職場はない。

企業の風土は現場の細部に宿る。経営者が掲げる言葉ではなく現場メンバーの心の中にある。そこに注目する。そこに共感する。共感するから風土が強くなる。風土作りこそ経営の醍醐味であり、最も感動できる最高の業務だと考えている。

第6章

多様化の成果

この章では、メンバーの多様性を受け入れてきた成果についてまとめてみたい。

離職率は28%→4%に。緊張感の維持には高い理想への共感が必要だ

多様な働き方を選択できるようにした結果、離職率がわかりやすく低下した。2005年の28%をピークに、次頁のように下がっていき、2013年は4%を切るまでになった。新卒社員はさらにこの傾向が強い。2015年3月末時点で5年目入社までの新卒社員を調べてみると、入社した99人のうち辞めたのは7人。うち3人は「育自分制度」を利用しているので、再びサイボウズに戻ってくるかもしれない。

離職率が低下することによって、採用と教育にかかるコストを低減できた。辞めないので焦って採用する必要がない。サイボウズに合う人だけを落ち着いて選ぶことができる。また、新しい人を採用するときにかかる教育コストも低減できた。教える人の手間や教育期間のロスが減った。これらのコストが低減できたのは大きな財務メリットだ。

しかし、離職率の低下が良いことかどうかはわからない。居心地は良いが生ぬるい企業になっているかもしれない。あるコンサルタントにこう教わった。「企業は、明るいか暗いか、そして厳しいか緩いか、に分類できる」。さて、サイボウズはどうだろうか。「明る

サイボウズの離職率

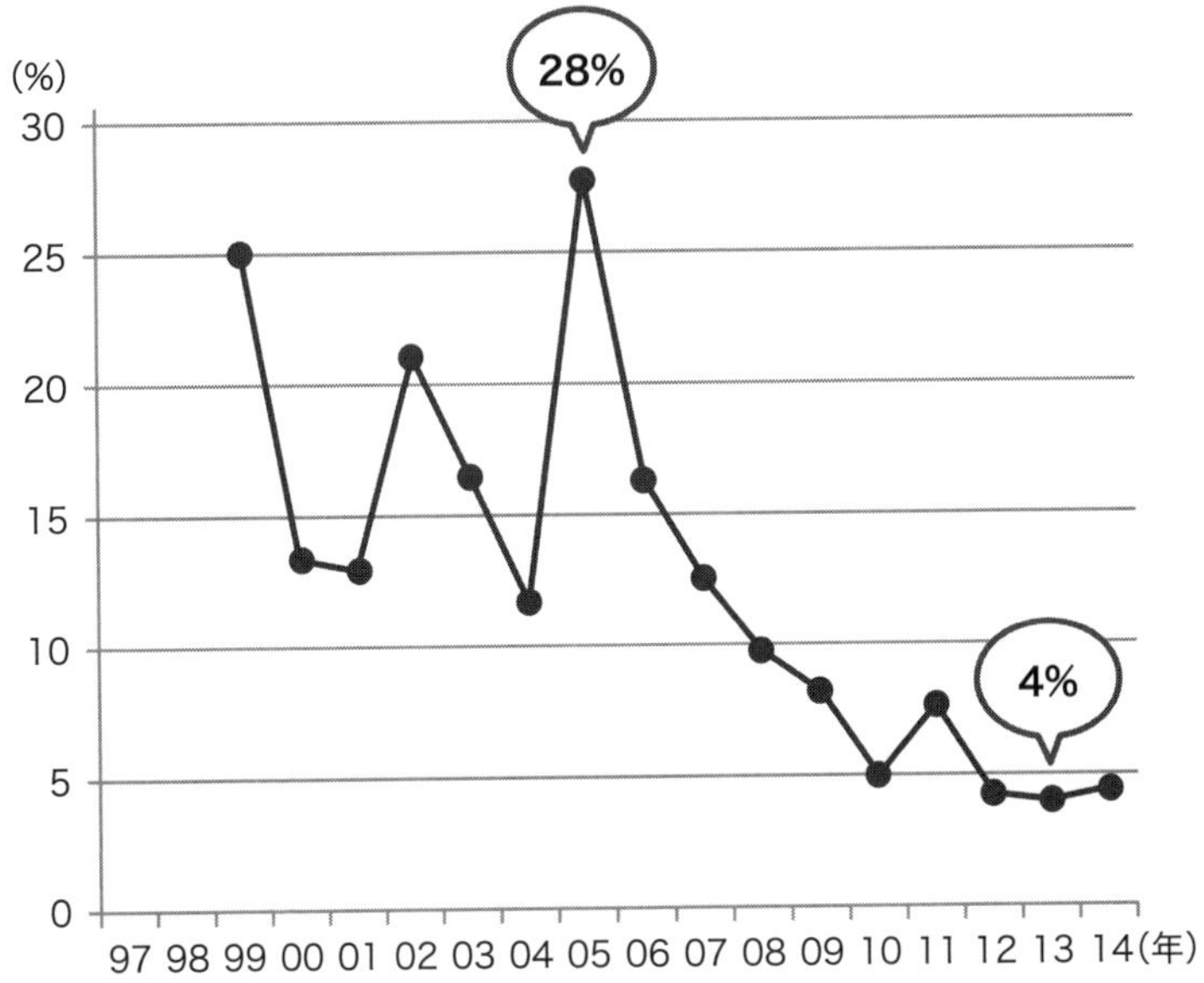
(%)
30
25
20
15
10
5
0
28%
4%
97 98 99 00 01 02 03 04 05 06 07 08 09 10 11 12 13 14(年)

い＋緩い会社」になったのかもしれない。社内で「緩さ」を感じることは多々ある。

多様性のある組織において、緩さが行き過ぎないようにマネジメントするにはどうすればよいか。私は基本法則に立ち返り、理想を強く持つことが大事だと思っている。サイボウズにおいては、「グループウェア世界一」という高い理想を強く持つことだ。この高い理想をしっかりピン止めし、メンバーがその理想に共感していれば、多少の緩さはあっても緊張感を維持することができるだろう。世界一になりたいのであれば、GoogleやMicrosoftのような偉大な企業と競争していかなければならない。サイボウズがどれだけ注目されても、彼らの足元にも及ばない。緩い気持ちを引き締めるのは、飴でも鞭でもなく、高い理想への共感だと考えている。

採用力は大きくアップ。優秀な新卒、多彩な中途が続々と

サイボウズは新卒採用に有利な会社ではない。我々が開発するのは企業向けのビジネスソフトなので、就業経験のない学生とは接点がない。会社説明会を開いても、サイボウズを知らない学生のほうが多数派だ。ところが、この数年、流れが変わりつつある。「サイボウズの人事制度は面白い」とメディアが報道するようになると、学生でも知る機会が増

えた。学生の両親がテレビを見て、「サイボウズという会社がテレビでやっていて、働きやすそうだったよ。受けてみたら？」と勧めてくれることもある。親のお墨付きがあれば、内定を承諾してもらいやすくなるので大変ありがたい。

応募が増えるとともに、レベルの高い学生が来てくれるようになった。普通に大手企業から内定を取り付けられる学生が、あえてサイボウズを選んでくれるようになった。採用する学生の全員が優秀である必要はないが、強いチームを作るにはエースと４番は必要だ。将来的には彼らを中心としたチームとなっていくのだろう。

新卒採用がやりやすくなるとともに、中途社員も変わった人が集まるようになってきた。コンピュータ雑誌の編集長をしていた人が入社した。彼はイクメンで、子育てをしながら柔軟性をもって働きたいと考え、サイボウズを選択した。また、日本マイクロソフトや日本ＩＢＭのような、外資系大手ＩＴ企業からの転職組も増えている。前職に大きな不満があったわけではないが、やはり日本人たるもの日本の企業に貢献できる喜びは大きい。外資系大手と比較しても、サイボウズが魅力的な国産ＩＴ企業だと認めてもらえるようになってきたのだと思う。

労働環境の悪い会社から転職してくる人もいる。厳しい環境で働いてきた人にとって、サイボウズは楽園のように思えるだろう。ちゃんと休める。給料も出る。そして、自分の意見を発し、議論し、制度や風土を変えていくことができる。彼らは、若手社員が愚痴をこぼすと、こう語ってくれる。「他の会社と比べたら、ここは天国だぞ。自分たちで変えていけるのだから」。

なんと株主から入社してきた社員もいる。毛海《けうみ》直樹はもともと電鉄会社に勤めていたが、サイボウズの株主としてブログを書いていた。その内容が面白かったので、ブログを通じて連絡し、会うことにした。意気投合しているうちに入社することになった。今、サイボウズの社外パートナーの開拓を任されている。サイボウズをユーザー視点で外から見てきた経験が活きている。

社員の引っ越しで拠点を開設。退職しても離れない

社員の引っ越しと同時に拠点が開設されるケースが増えている。九州出身の営業メンバー石井優から、将来的なことを考えると地元に戻りたい、という話があった。しかし、九州にサイボウズの拠点はない。そこで、彼の引っ越しと同時に福岡営業所を作った。最初は自宅を事務所代わりにしてもらっていたが、1年後には正式にオフィスができた。また、

関西出身の開発メンバー岡田勇樹から「関西に開発拠点を作り、そこで働きたい」という話があり、こちらも実現した。どちらのケースも、メンバーが家族と相談して出した希望だ。家族が希望する場所で働くことは、長期的に家族のサポートを得られるので大歓迎である。その後、関西出身者を中心に大阪オフィスへの異動願いが増え、２０１５年11月に梅田にオフィスを移転した。採用も増えており、大阪オフィスは総勢15名まで急増している。人材が多様化すれば、場所も多様化していく。

また、サイボウズを辞めていっても、サイボウズの周辺でビジネスをする人が増えてきた。たとえば、販売パートナーの会社に転職し、そこで引き続きサイボウズ製品を売ってくれているメンバーがいる。サイボウズの内情も含めてよく知っているから話が早くてスムーズだ。大変助かっている。

サイボウズから会社ごと分離されるケースもある。サイボウズ本社の取締役を務めたこともある山本裕次は、新事業を立ち上げようとサイボウズスタートアップスという会社を作った。いまひとつ実績が上がらなかったので、私は「会社を閉じよう」と提案したのだが、山本がＭＢＯ（Management Buyout、経営陣による企業買収）をして独立した。その後、見事に事業が立ち上がり、今ではサイボウズの周辺事業を手掛ける、私たちにとっては大変ありがたい会社に育ちつつある。さらに最近この会社にサイボウズの元CFOの石井和彦が入社した。サイボウズを離れても一緒に仕事ができることがとてもうれしい。

また、サイボウズでは活躍の場所を見つけられなかったメンバーが、退職後に周辺で活躍するケースもある。彼が社内のグループウェアに意見を書き込むと、よく炎上していた。考え方や書き方が個性的なので、周囲の反感を買いやすいのだ。何度も指摘したが直らない。そして辞めていった。完全に縁が切れたと思った。ところが、彼自身はサイボウズが嫌いではなかったようだ。現在は社外プロデューサーとして、オウンドメディア（自社メディア）の「サイボウズ式」でヒット記事を連発している。炎上を引き起こすことに長けているので、一般の読者の興味を引きそうなツボを心得ているのかもしれない。

社員が辞めていくこと自体は決して悪いことではない。辞めていった社員でも、長く付き合いを続けられるような懐の深い会社でありたい。それが多様性を受け入れる姿勢だと思う。

女性比率は4割までに上昇。男性、女性でなく「個性」で考えたい

女性の活躍は、比較的進んでいる会社だと思う。しかし、男性・女性というカテゴリー

で分けて考えない方針だ。カテゴリーではなく、1人1人を見たいと考えている。男性は男性でいろいろな人がいるし、女性は女性でいろんな人がいる。それぞれの個性が活きる組織を作りたい。しかし、性別の偏見は誰しも少なからず持っているため、女性の活躍については意識しておきたいと考えている。

社員全体に占める女性の比率は4割程度だ。グループで約500人の従業員の半分強がエンジニアであることを思えば、業界的には女性比率が相当高い会社になってきた。結婚や出産をきっかけにワークスタイルを変化させることは、女性が直面しやすい課題である。それらに対応できるよう制度と風土作りに取り組んできた結果、出産を機に辞める女性社員がゼロになった。仕事から長い間離れることで勘が鈍ることもあると思うが、そもそもITはドッグイヤー。7倍のスピードで業界が動くと言われているのだから、早く復帰しても時間をかけて復帰しても大差はないというのが私の持論だ。むしろ、出産や育児を経験することで新たな知見をもって帰ってきてくれるのはありがたい。女性が長く働ける会社にすることで、組織の多様性が増すと期待している。

2015年11月現在、経営メンバー11人のうち、女性は2人だ。まだ決して高くはない。人事や経理など事業支援本部の長は中根弓佳という女性だ。中根は二児を育てるワーキングマザーであり、保育園のお迎えもあって定時より早めに退社する。彼女はサイボウズ初の女性執行役員であり、彼女のようなロールモデルが存在することで、他の女性社員は自分の長期的なキャリアを考えることにつながるだろう。全員が必ずしも管理職を目指す必要はないが、育児を理由に管理職への道が閉ざされる会社にはしたくない。管理職というのは意思決定や人材育成をする役割であり、性別や勤務時間とはそもそも関係が薄い。1人でできなければ、複数のメンバーで管理職を分担してもよいだろう。無理に女性管理職を増やすつもりはないが、自然に増えてくることを期待している。

しかし、女性の管理職が増えれば、管理職になれる男性は減る。私より上の世代の日本男児は、子供のころから「一家の大黒柱」となることを刷り込まれてきた。仕事で管理職につくことが社会で認められる唯一のパスなのだと信じ込んでいる男性は少なくない。この価値観を変えなければ、女性の管理職が増えれば増えるほど、男性のストレスが高まる。女性の変化と男性の変化は車の両輪だ。ともに変化させていかなければ前に進まない。今や、専業主婦家庭よりも共働き家庭のほうが多いそうだ。大黒柱は1本でなくてもよい。「共に働き、共に家事育児に取り組む」という新しい家庭像を普及させていかねばならない。

最近、「女性活躍」をテーマにした講演をよく依頼される。ＮＨＫの「日曜討論」や「クローズアップ現代」にも呼ばれた。いつも思うのは、ジェンダー論にとどめてはいけないということだ。女性でも１人１人まったく違う。独身者もいれば結婚している人もいれば子供がいる人もいれば両親が近くにいる人もいない人もいる。性別よりも個性に注目するときがきた。

我々は、人間をカテゴリー分けして考えることが多い。男性と女性、日本人と韓国人、バブル世代とゆとり世代などだ。カテゴリーに分けると概要をつかみやすくなるが、多様性を考慮しない議論になりがちだ。なかには男性っぽい女性もいれば、女性っぽい男性もいる。特に最近は多様性が増しており、「男性はこうだ、女性はこうだ」と決めつけて仕組みを作ると、実態と乖離して機能しない。

だから、いったんカテゴリーを忘れて、１人１人がまったく違うものだという考え方に立ってはいかがだろうか。サイボウズでは、「１００人いれば１００通りの人事制度」を理想としてきた。まず、既存のカテゴリーから離れ、個人名を挙げて議論をすることで、より効果的な具体策にたどり着けるだろう。もちろん、１００通りの人事制度を運用するのはコストがかかる。１人１人の意思や働き方を把握し、定期的な面談記録を残しながら、ライフイベントに合わせて働き方の変化をマネジメントしていくことになる。残しておきたい情報は多岐にわたるうえ、他部門のマネージャーと情報を共有しながら議論を進める必要がある。ＩＴの力を使って効率化を図らないと、とんでもない重荷になる。グループウェアは必須ツールだ。

その過程で、新しいカテゴリーが生まれることもあるだろう。たとえば、「ガツガツ働く人」と「コツコツ働く人」、「毎日オフィスで働く人」と「たまにオフィスで働く人」、「サイボウズだけで働く人」と「他の組織でも働く人」など。これらが新しい時代のカテゴリーになり、より自分らしい働き方を選択できる時代になるのだと思う。とにかく、日本人とか韓国人とか白人とか黒人とか健常者とか障がい者とか、安易に分けて個性を見なくなったとき、組織から多様性は消える。カテゴリー名ではなく、１人１人の名前で呼び合う組織にしたいと考えている。

多様性があればイノベーションは起きるのか？ サイボウズでの成果で考える

よく言われることではあるが、多様性のある組織とイノベーションには相関関係があるようだ。その理由が自分なりに見えてきた。ただ、それは「多様性があればイノベーションが起きる」という短絡的な話では決してない。サイボウズで起きたイノベーティブな成果とともに考えてみたい。

◉人事制度

サイボウズの人事制度はメディアで頻繁に取り上げていただく。これらの制度は、経営者が発案したものではない。現場から経営者に挑戦状を叩きつけるような要求があり、それを受けて議論し、実践し、そして何度も改善しながら行き着いた成果物だ。最大６年の育児休暇制度、退職後の復帰を確約する制度、時間と場所を選ばないウルトラワーク制度、自由に副業できる制度など、社員からの要求がなければ進めることはなかっただろう。

「青野さんは社員に優しいのですね」と言われることもあるが、それは違う。私は「グループウェア事業に貢献すること」を交換条件に多様な働き方を認めているだけだ。サイボウズにおいては、どの制度も必ず「組織の理想」と一致させることを目指している。「組織の理想」と「個人の理想」という対立しかねない理想を両立させようと考え抜くことからイノベーションは生まれる。

◉クラウド事業

我々は２０１０年初頭にクラウド事業に徹底投資することを決めた。クラウド事業は初期投資コストが大きい。データセンターを借り、ネットワーク回線を借り、ネットワーク機器やサーバー機器を購入し、そこでプログラムを動かし、24時間３６５日動かし続けなければならない。顧客の重要なデータを預かるので、万が一、データを消失してしまうことがあれば、訴えられるリスクもある。クラッカー集団からサイバー攻撃を受けるのは日常である。さらに、ビジネスモデルも違う。今までのパッケージソフト販売のように一括でライセンス費をいただくことはできない。月額の利用料を積み上げていくモデルだ。目先の売上はクラウドサービスのほうが断然小さくなる。

しかし、クラウド化の流れは必ずくる。問題は、参入するタイミングだ。早過ぎれば自爆する。遅過ぎれば勝てない。クラウドサービスをゼロから作り始めたら、納得のいく品質になるまで2年はかかる。不確実性の高い未来を想像しながら意思決定をしなければならない。私は何年もタイミングを見計らっていたが、多様性のある組織の中に、このタイミングを読める人材がいた。「最近、サーバーの価格が激しく下落している。これらを使えば、クラウドサービスの原価は利益を出せるレベルまで抑えられる」。クラウドサービスの設計をリードした山本泰宇《ひろたか》はこう語り、私を説得して開発に踏み切らせた。

彼は東京大学理学部で分散システムを研究した経歴を持つ優れた頭脳の持ち主だ。その後、２００１年にサイボウズに入社し、企業向けのソフトウェア開発に取り組んできた。

彼はその過程で組織について多くを学んだ。世間知らずだった彼自身が実際に部下を持ち、失敗や挫折を乗り越えながらマネジメントについて知見を深めた。企業がどのように組織化され、どのように運営されるかを学んだ。その結果、組織を支えるグループウェアをクラウド化するには、どのようなインフラを築くべきか適切に設計できるようになっていた。

サイボウズのクラウドサービスのインフラは強固である。単にデータの保全性を高めるだけでなく、顧客が誤って消してしまったデータをリストアする仕組み、企業や個人を特定して認証する仕組み、社外の利用者ともセキュアに情報を共有する仕組みまで、深く考慮されている。これは成長した山本とそのチームの設計力・開発力に負うところが大きい。

また、クラウドサービスの運用には規律が必要だ。詳細にドキュメントを作成し、厳密に運用していくマインドが必要だ。今までのサイボウズにはないスキルだ。山本はそのチームを作り上げた。

そして、クラウドサービスを事業として立ち上げるメンバーが集まってきた。それは、いわゆる各部門のエースではなく、今まで目立った活躍のなかったメンバーが中心だった。クラウド事業は、今までのパッケージソフト事業と発想を変えなければならない。ホームページでアピールする要素から試用の受け付け、購入に至るまでのやり取り、価格や代金の回収までやり方がまったく違う。過去の成功体験はリスクになりかねない。既存の販売パートナーからは、現在のパッケージソフト販売への悪影響を懸念し、反発する声が上がっていた。しかし、集まった異能なメンバーたちは妥協することなく理想を追求した。サイボウズのクラウドサービスを成功に導いたのは、社内のアウトサイダーたちだった。一般的には、新事業の立ち上げはエースに任せろと言う。しかし、答えは1つではない。多様性のある組織であれば、アウトサイダーたちが既存の枠組みを突破する切り札となることもある。

サイボウズは2010年初頭にクラウド事業への徹底投資を意思決定し、2011年末に販売を開始した。それから4年たった今、グループ全体の売上の4割をクラウド事業が占めるまで成長した。懸念していたほどパッケージソフト販売に影響しなかったため、クラウド事業の成長がそのまま全体の成長につながった。しかし、日本のパッケージソフト企業のほとんどは、いまだにクラウド事業への転換が進んでいない。この差はどこで生まれたのか? 多様性のある組織は変化に強い。大きな構造変化を察知し、実行に移すのはいつも一部の人間だ。普段から少数意見を尊重することは、イノベーションにつながると考えている。

◉無料サービスと自社メディア

大槻幸夫もアウトサイダーの1人だ。彼はもともとベンチャー企業の出身で、サラリーマン的な発想をしない。サイボウズに入社してからというもの、現在のサイボウズにはない新しい価値を生み出そうとチャレンジを続けてきた。

その1つが「サイボウズ Live」だ。プロダクトマネージャー（当時）の丹野瑞紀《みずき》や少数精鋭の開発メンバーとともに、無料のグループウェア・サービスを作り出した。無料サービスを出せば、有料サービスの販売に悪影響が出かねない。しかし、実際には悪影響が出ることはなく、むしろシナジーが生まれた。２０１４年10月にはサイボウズ Live の登録者数が１００万人を突破した。学生サークルやＰＴＡ、家族やマンションの管理組合など、新しい顧客層にグループウェアとサイボウズの認知を広げている。「他社に破壊される前に自ら破壊せよ」というイノベーションの教えを体現した。ちなみに丹野はサイボウズ Live を立ち上げた後、社外に活躍の場を求めて転職していった。

大槻はその後、「サイボウズ式」というオウンドメディアを立ち上げた。最初、大槻から提案を受けたときは、よく意味がわからなかった。ただ、新しい何かがありそうだと感じて任せることにした。サイボウズ式では、チームワークや働き方に関する記事を月に約20本のペースで公開している。いくつものヒット記事を生み出しており、ひと月に40万回閲覧されることもある。今や日本の働き方に大きな影響を与えるメディアに成長した。これがどれくらい売上につながっているかを定量化するのは難しい。しかし、クラウドサービス「cybozu.com」の購入者へのアンケートによると、約4%がサイボウズ式をきっかけにサイボウズに興味を持ったと回答している。サイボウズ式は、オウンドメディアの成功例としてたびたび取り上げられる。

事業をしていると、突如イナゴの集団のような競合が一気に襲い掛かってくることもある。食い尽くされないようにするために、常に次の食い扶持《ぶち》を探しておかねばならない。異能な社員が新しい価値創造にチャレンジしてくれるのは貴重だ。それが多様性のある組織らしい生き残り方だと考えている。

◉野心的なプロモーション

サイボウズのプロモーションチームもイノベーティブだ。紹介したいネタは数多い。2013年には、仮面ライダーに出てくる悪の軍団「ショッカー」がグループウェアを導入するというプロモーションを敢行した。毎週決まった時間に集結して仮面ライダーと戦い、そして毎週上司を失う悪の軍団が、優れたチームワークを発揮し続けるためのグループウェア。「我々も勝ちたいんです」と語るショッカーの広告に世間は爆笑した。この広告は、

第20回「日経ＢＰ広告賞」で「優秀ＩＴ広告賞」を獲得した。

実はこのアイデアは社内から出てきたものではない。サイボウズは自分たちの発想の限界を超えるために、プロデューサーのおちまさと氏にＣＢＯ（Chief Branding Officer）を務めていただいている。「サイボウズ独自のキャラクターではつまらない。もっとメジャーなキャラクター、たとえばショッカーがグループウェアを使っていたら面白い」。おち氏の言葉に社員の心が動いた。担当していた杉山浩史は、キャラクターの権利を持つ東映と掛け合い、本当に実現までこぎ着けた。その後、東映に「我々にとっても学びの大きい取り組みだった」と言っていただいた。どれだけ多様性のある組織でも、その組織の中だけで生み出せる革新には限界がある。社外の人たちにも自分たちの理想に共感していただき、真摯に意見を取り込む姿勢があれば、さらにイノベーションは加速する。

サイボウズが毎年メインスポンサーをしている「ベストチーム・オブ・ザ・イヤー」というイベントがある。その年に日本でもっとも活躍した「チーム」を表彰しようと、２００８年から始めたイベントだ。何年間もメディアで大きく取り上げられることはなかったが、２０１３年にとうとうブレイクした。「東京オリンピック招致委員会」を表彰し、滝川クリステルさんらに登壇していただいたところ、テレビの全キー局がこぞって取り上げた。2014年には、複数の企業で構成される「妖怪ウォッチ」プロジェクトチームを表彰し、こちらも大きく取り上げられた。

このイベントは、プロモーションチームの椋田《むくた》亜砂美が毎年さまざまなチャレンジを続けてきた。継続は力なり。継続することで生み出せるイノベーションもある。大事なのは理想を貫き通す意思だ。「チームワークあふれる社会を創る」との信念が、継続力を高め、その蓄積が突破を生むのだと理解した。今後は流行語大賞に並ぶ年末の恒例イベントになることを期待している。

◉研究開発

短期的な損得を度外視した投資という点では、研究開発も同様である。サイボウズが高い技術力を維持向上できる背景として、「サイボウズ・ラボ」の存在が大きい。サイボウズ・ラボは、2005年に共同創業者の畑さんが、本社の開発部とは別に立ち上げた研究開発チームである。国内で高い技術を持つエンジニアを募集したところ、野武士のようなメンバーが集まってきた。エッジが効いたメンバーばかりで、最初は本社と連携プレーが難しかったが、現在はクラウドサービスのインフラからミドルウェア、アプリケーションに至るまで、ラボの技術が活きている。

また、ラボが立ち上げた「サイボウズ・ラボユース」は、将来性のある学生を育てる活動であり、日本のＩＴ業界の財産だ。サイボウズのクラウドサービスがグローバルで売れていくようになると、ラボの重要性はさらに評価されるだろう。イノベーションを生み出すには、基礎技術を大切にしなければならないと考えている。

アプリケーションにおいてもイノベーションは起きる。我々は17年以上にわたって、グループウェアの開発を続けている。中小企業向けグループウェア「サイボウズ Office」は、現在バージョン10まで進化した。何百万人もの既存顧客を抱えているため、新機能の搭載は慎重にならざるを得ない。その脇でGoogleが目新しいサービスを出し、「サイボウズ Office は古い」と叱られることがあった。しかし、メンバーはくじけずあきらめず、Googleの優れた点を取り込みながら製品を改良し、２０１４年には顧客満足度1位の座をGoogleから奪還した。進化の早いＩＴ業界では、次々とイノベーションが発生し、新しかったものはすぐに古くなる。すでに発生したイノベーションを地道に取り込んでいく努力を続けることも大切な活動だ。新しいものに飛びつく人だけでなく、古いものを改良し続ける人がいることも、多様性のある組織の強みだと考えている。

最新の「サイボウズ Office」では、自由に情報共有データベースを作れる「カスタムアプリ」機能が人気を博している。その経験から学びを得て開発したクラウドサービス「kintone《キントーン》」は、クラウド上に情報共有アプリケーションを作れる基盤サービスだ。今までの経験から、組織が使うアプリケーションの開発に必要な機能は、データベース、ワークフロー、コミュニケーションの3つだと判断し、その3機能を1つの製品に盛り込んだ。今までこれらの機能は別々のソフトとして提供され、組み合わせて開発する必要があったが、「kintone」の登場により組み合わせる必要がなくなった。圧倒的な開発効率の高さから、ソフトウェアの受託開発業界に旋風を巻き起こしており、2014年、「kintone」の売上は前年の約2・5倍に成長した。多様性のある組織では、メンバー同士が認め合い、尊重し合って活発に意見交換を行なう。その分、組織の学習スピードが加速され、他社に先駆けて新しい価値を創造できる。

多様性のある組織には、イノベーションを生み出す力が備わっている。たとえ天才がいなくても、多様な個性を掛け合わせることで、今までにない答えを導き出せるからだ。掛け合わせの数だけイノベーションの機会がある。しかし、それもメンバー1人1人が組織の理想に共感していることが前提だ。強い理想への共感と、多様な個性の組み合わせがイノベーションの鍵になる。

多様性と業績のマネジメント。増える売上、減る利益

「多様性のある組織を作っても、業績が下がるなら無意味だ」と考える経営者は多いだろう。サイボウズでは、多様性と業績をどのようにマネジメントしていくべきか、現在も試行錯誤を続けている。

サイボウズの売上高は、2014年12月期で60億円弱になる。グループ全体で500人もの従業員を抱えているので、1人あたりの売上は1200万円程度しかない。決して売上を増やしたくないわけではない。売上が増えれば、投資に回す資金を増やせる。チームワークあふれる社会を創るには、まだまだ資金力不足だ。ただし、一番こだわりを持っている指標ではない。サイボウズは「世界で一番使われるグループウェア・メーカー」を目指しているのだから、一番のこだわりは利用者数であって売上ではない。

創業1年目の1998年7月期は、創業者3人で5千800万円を売り上げた。翌年は派遣社員を1名加え、3億円まで売上を伸ばした。その後、次の半年で4億円、翌年は17億円、その翌年は26億円と急成長していく。その後、ネットバブルの崩壊を乗り越え、直

販モデルから間販モデルへの転換を図りながら地道に成長し、そして停滞期に入る。2007年のグループウェア事業の売上が39億円、リーマンショックのあった2008年は40億円、2009年は39億円に減少、2010年は40億円、2011年は子会社のグループウェア事業を取り込んで42億円。長い間、横ばいが続いた。

2011年初頭には、全社員にアイデアを求めた。「このままでは赤字に突入し、みんなの給与を払い続けることが難しくなります。売上を50億円にするアイデアを募集します」。社員が書き込めるデータベースを用意したところ、2週間で100件以上のアイデアが集まった。売上が増えることは、メンバーの重要な関心事なのだと気付かされた。サイボウズにおいては、一番大事な目標ではないかもしれない。しかし、自分たちが生み出した価値が市場で評価され、その対価として売上が増加することは、メンバーの喜びにつながるのだ。

その間も社員は増え続け、人件費は増大していった。2012年12月期は、派遣社員を含めた売上高人件費率が54％にまで高まった。しかし、経営メンバーで決めていたことがあった。それは「赤字になるまでは、社員の人件費には決して手を付けない。業績にかかわらず昇給させる」ということだ。それは経営メンバーのこだわりだった。

そして、2012年の後半から、ついに売上が上昇し始める。パッケージソフト販売の売上を維持しながら、クラウドサービスの売上が積み上がってきた。2013年で約52億円、2014年で60億円弱。ついに売上停滞の壁を突破し始めた。畑を耕し、種をまき、毎日水やりをしながら収穫を待つ思いだった。本当に収穫できるだろうか。不安は大きかった。しかし、メンバーが作り出した新しい価値は顧客に受け入れられた。その陰で、既存の事業を支え続けるメンバーがベストを尽くしてくれた。サイボウズは冬の時期を乗り越えた。

さて、利益はどうだろうか。実は売上が増えてきたにもかかわらず、利益は減少し続けている。2014年12月期、利益はほぼゼロになった。

サイボウズは堅実な社風を持っている。創業1年目から18期連続で黒字だ。創業者3人は無給からスタートした。松下電工に勤めていたときは、大企業らしい給料をもらっていたから、落差は大きかった。しかし、会社が軌道に乗ってくるまでは、極貧生活でもまったく苦にならないと思っていたし、会社が黒字になってからも、もっと成長させたいので意図的に無給を続けたりした。

事業が立ち上がってからも、サイボウズの堅実な社風は続く。それは売上高利益率に表れる。創業1年目の売上高経常利益率は21%、翌年は24%。その後、一時低下することもあったが、常に15％以上を継続し、2008年は25％、2009年も25％、2010年は21％。売上は停滞し、人は増えていったが、他の費用をできるだけ圧縮し、高い利益率を維持した。私自身、高い利益率に誇りを持っていた。

方針を変えたのは2011年。クラウドサービスをリリースし、これで社会を変えていくためには、今までと同じでは駄目だと考えた。2011年は積極的に投資し、売上高経常利益率は16％に低下。2012年はさらに攻めて12％。2013年は「今年は利益を出しません」と期中に宣言し、5％まで下げた。そして2014年、ついに「今年は赤字にしてでも投資します」と宣言し、利益はほぼゼロになった。

理想を実現するために資本主義の仕組みを使う。資本主義の仕組みに使われない

社長を務めながら、ずっと「利益」とは何なのだろうと考えてきた。最初は「我々が生み出した価値の総額」だと考えていた。松下幸之助氏の本には「利益は社会への役立ち高」だと書かれている。つまり、費用を消費価値、売上を最終価値だと考え、その差である利益を自分たちが生み出した価値の総額だとする考え方だ。松下電工で働いていたときにも、そう教えられ、そう信じてきた。会社の利益が出ていないということは、生み出し

た価値がないということになる。また、赤字企業は法人税を払っていないのだから悪いものだと考えられる。「道路は税金で作られるのだから、赤字事業部の人間は道路の端っこを歩け」。そんなことを教えられたりした。

しかし、世の中には、出せたはずの利益をまったく会社に残さず、すべて社員のボーナスとして還元する会社があることを知った。事業を拡大するときに必要なお金は、社員から借りるのだそうだ。この関係がある限り、会社は決して社員を裏切れない。社員は信頼されていて幸せそうである。また、日本を代表する「いい会社」として知られる伊那食品工業の塚越寛《つかこしひろし》会長は「利益とは、人件費を払った残りカスである。人件費を払うために利益が必要なのだ」と説く。なんと利益はカスなのだ。

お金の流れをよく見ると、実は赤字企業でも道路づくりに貢献していることに気付いた。企業が利益を出さず、社員にボーナスで還元すれば、社員が払う所得税や消費税は増える。法人税を払わなくても、別のところで払う税金が増えるのだ。外注先に仕事を出せば、外注先で生まれる法人税や外注先の従業員の所得税・消費税が増加するだろう。また、企業が利益を削って商品の価格を下げれば、顧客が得をするから顧客側の税金が増加するだろう。金は天下の回り物。企業は法人税以外にも税金を間接的に納めているのである。

「お金は経済の血液だ」とは上手な表現だ。お金はぐるぐると社会を巡っている。重要なのは、お金をどこに還流するかだと理解した。もし、一部の独占企業に偏って流れ、その圧倒的な資金力で適正な競争が行なわれなくなるならば、社会にとっては害である。多額の法人税を払っていたとしても誤魔化されてはいけない。もし、社会に貢献する素晴らしい活動をしている人たちに還流できれば、世の中はより良いものになる。我々が考えるべきは、お金をどこに還流するかだ。素晴らしい社員への還流、素晴らしいパートナー企業や顧客企業、より良い社会を実現するＮＰＯ／ＮＧＯ団体への還流、そして自治体や政府など社会インフラへの還流、これらをマネジメントすることが、我々が意識して取り組むべき利益戦略だと理解した。社会をより良いものにするには、お金をより良い社会のために使う人たちに回せばよい。

今、我々ができる最大の社会貢献は、我々のクラウドサービスで社会を変えることだと考えた。だからクラウド事業に徹底的に投資していくことにした。人々のワークスタイルを変え、活動効率を高め、組織の壁を超えるクラウドサービスを、できる限り低価格で多くの人々に提供する。利益を残すよりも、その活動にお金を流していくべきだと判断し、実行を続けている。

サイボウズの利益が減る中で、株主との関係を心配される方もいらっしゃると思うが、むしろ理想的な関係になってきた。私はこの数年、株主総会の冒頭でこのような話をする。「サイボウズは売上や利益の最大化を目指しません。優れたグループウェアを作り、世界中のチームワーク向上を実現することにこだわります」。社員に話す内容とまったく同じである。以前は「配当が少ない」とか「売上の成長率が低い」とか、どこの株主総会でも聞くような質問が多かったが、最近はなくなった。サイボウズの理想に共感する株主が残り、株主総会はファンの集いのようだ。利益が出ないので株価は上がらない。そこで、2015年からクラウドサービスの売上に応じて配当を出すことにした。クラウドサービスを広げることで世界を変えたい私たちと、投資を回収したい株主の理想を重ね合わせたのだ。名付けて「クラウド配当」。世界で初の試みだろう。

多様性を重んじるサイボウズは、世の中の一般的な業績の考え方とは距離を置こうとしている。やはり自分たちの理想の実現に集中しよう。我々の理想を実現するために資本主義の仕組みを使うのであって、資本主義の仕組みに使われないようにしたい。とりあえず、売上と利益の拡大競争からは降りることにした。ただし、理想を追求し続けるために、業績をマネジメントする能力を高めておきたい。それが今の私の考えだ。

社会の「キーストーン種」を目指す。変化するための解法を提供したい

2014年ころから、サイボウズのメンバーに対する講演依頼や取材依頼の数が急増している。サイボウズの売上規模は所詮60億円程度であり、規模だけを考えれば平凡な会社だ。しかし、社会に与える影響はその規模ではなくなってきた。これは多様性のある組織を作ってきた成果だと言えるだろう。日本社会は変化するための解法を求めている。

特に人事制度への注目度は高い。働き方の多様化を促進するサイボウズの人事制度は、多くの企業が参考にしている。大企業からのヒアリング依頼も多い。制度とともに風土を作るというサイボウズ流の考え方も伝わりつつある。企業だけでなく、省庁や地方自治体からも講演の引き合いが多く、自治体の首長と長時間にわたって意見交換をすることもある。この活動を通じて認識したのは、東京都の出生率が全国で一番低く、少子化問題の元凶になっていることだ。そこで、文京区の成澤区長が企画した「ぶんきょうハッピーベイビープロジェクト」の委員を務めながら、都市部における少子化対策にチャレンジしている。都市部の少子化問題は、日本だけでなく世界で共通の問題である。文京区で実績を上げ、世界に発信していければさらに大きな貢献ができると考えている。

「女性活用」についても注目されつつある。サイボウズ初の女性執行役員になった中根弓佳をはじめ、サイボウズには発言力のある個性的な女性が多い。彼女たちの発言は、社会の働く女性に勇気を与えるだけでなく、具体的な変革手段を提示し、女性活躍革命の推進につながっている。政府が推し進めるテレワークについても、サイボウズは先行して取り組んでいる。テレワークに必要となるグループウェアを自社で開発していることもあり、制度に加えてツールについても豊富な経験をもって社会に提案している。

これらの活動を通じて、ワーキングマザー（働くママ）の苦労を知らない人がたくさんいることに気付いた。日本における少子高齢化や労働力不足の原因はたくさんあるが、ワーキングマザーへの配慮不足が原因の1つだと理解した。ワーキングマザーのリアルな現状を描いた動画『大丈夫』を制作し、社会に問題提起しようと考えた。2014年12月に公開したところ、想定をはるかに上回るスピードでクチコミが広がり、1か月で50万回以上再生された。この動画は、人々の感情をさまざまに揺さぶった。共感する人、怒る人、号泣する人、悲観する人、無関心を装う人。ネット上では数千件の書き込みが発生し、朝の情報番組で三度も取り上げられた。予想以上の手応えに、我々は次の手を打った。2014年の年末から2015年の年始にかけて、視聴率の高い家族向け番組のCM枠を買って動画を流し、社会をさらに動かしにかかった。我々にとっては多額の費用だったが、これで社会を動かせるなら安い投資だ。

サイボウズは、ＩＴ業界における影響力も増してきた。私は２０１４年４月からパッケージソフト業界で最大の団体であるＣＳＡＪ（Computer Software Association of Japan、コンピュータソフトウェア協会）から依頼を受け、副会長を務めることになった。この団体はソフトバンク創業者の孫正義氏が１９８２年に立ち上げた歴史ある団体だ。業界団体の重要な役職に就くには、まだ年齢も実績も不足していると考え、一度は断ることを考えた。しかし、業界全体がパッケージソフトからクラウドサービスへビジネスモデルの転換を迫られる中で、いち早くシフトに成功したサイボウズは、他の企業の手本となる存在だ。生き残りをかけてチャレンジする企業を支援できればと思い、受けることにした。転換に成功する企業を1社でも多く輩出したいと考えている。

また、２０１４年から、ＣＳＡＪが主催する「Ｕ－22プログラミング・コンテスト」の実行委員長を務めている。これは22歳以下の若者が作成したプログラムのコンテストである。経済産業省が34年間主催してきた歴史あるコンテストだが、費用削減の流れもあってＣＳＡＪが引き継いだ。２０１４年、コンテストへの応募数は前年の倍以上に増加し、作品の質も向上した。日本では「もの作り」と言えばハードウェアを指す。しかし、ハードウェアの生産が機械の発達とともにコモディティ化する中で、これからの時代はソフトウェアがもの作りの中心となる。ソフトウェアは容易に真似ができない人知の結晶であり、ソフトウェア作りが得意な若者を育てることが、日本のもの作り復活の鍵だと考えている。

また、ＭＩＪＳ（Made in Japan Software consortium）というソフトウェア団体においては、グローバル委員会の委員長を務めている。この団体は、国産パッケージソフトのグローバル展開を進める団体だ。志の高いパッケージソフト企業の社長が自ら集まって運営しているが、残念ながら成功している企業はまだない。サイボウズはその中で実際にグローバル展開を進めている数少ない企業だ。現在、グローバル委員会では、各社が海外での販売実績を伸ばせるように販売活動の情報交換と支援を行なっている。ビジネスソフト業界は、欧米企業に負け続けてきた歴史がある。日本からグローバルで成功する企業を生み出すことが、ＩＴ国家作りへの大きな一歩につながると考えている。

サイボウズは世界レベルのソフトウェア開発ができる数少ないテクノロジー企業だと思っている。そして、プログラムを作るだけにとどまらず、社会を巻き込んだ技術振興にも積極的だ。たとえば、サイバーセキュリティについては、自社でセキュリティ人材を育成するだけでなく、外部のセキュリティ機関を活用し、さらに自社製品の脆弱性を発見してくれたハッカーに対する報奨金制度の運用を始めた。この報奨金制度は、Google や

Facebookなど米国の大手ＩＴ企業ではすでに実施されているが、日本ではまだサイボウズしかできていないらしい。この制度に日本のハッカーたちが共感し、サイボウズのグループウェアの脆弱性発見に協力してくれている。２０１４年に確定した報奨金は約７００万円に上った。国全体のＩＴ化が進む中で、社会インフラを守るサイバーセキュリティの重要性は増し続けている。総務省をはじめ日本のインフラを担う人たちからもサイボウズの取り組みが注目されている。

サイボウズは多様性のある組織らしく、多方面から注目していただけるようになってきた。そして、その分野は、クラウドサービスやワークスタイルなど、日本の新たな社会基盤である。年商60億円程度の企業が社会に与える影響力とは思えないが、これが実際に起こっている。生態系に大きな影響を与える生物種を「キーストーン種」と呼ぶそうだ。キーストーン種は生物量が多くないが、生態系を維持する鍵となる。サイボウズはそんな存在になりつつある。

多様性の追求で生まれるものも新たな問題。

一見、順調に見えるサイボウズにも、新たな問題が発生している。その中には多様性を重視するからこそ発生する問題もある。これらを乗り越えずして、サイボウズがミッションを達成することはありえない。

サイボウズの従業員数が、グローバルで500人を超えてきた。すでに大企業になりつつある。1人1人の社員に対し、私が直接話す機会は激減している。私と面接をして入社してきたメンバーと、1年間まったく会話をしていないこともある。この状態で、サイボウズのミッションやイズムを浸透させ続けることができるのか。浸透度を何で測り、どのように対処していけばよいのか。答えはまだない。

人数が増えれば、階層構造が深くなる。他社と比べればサイボウズはフラットな組織ではあるが、中間管理職を何人か挟んで業務を遂行することが当たり前になっている。単なる伝言ゲームになってはつまらない。多様な中間メンバーを挟むのであれば、そこにイノベーションを生み出すチャンスがあるはずだ。どうすればワクワクする階層構造を作れるのか。

また、規模が大きくなるにつれて、私を含む経営メンバーの間で意思がぶれる可能性もある。サイボウズの現経営メンバーは11人いるが、もちろん多様である。男性9名女性2名、年齢も30代から60代まで、スキルも経験も違うメンバー同士が議論しながら経営している。日頃から密にコミュニケーションしているつもりではあるが、意見が食い違って当然である。ずれを議論で修正していけるのか。ずれに気付かないまま業務が遂行されていないか。ずれの修正が難しい場合、思い切ってメンバーを入れ替える覚悟がなければならない。そして、その対象として私自身も例外ではない。

従業員数が５００人を超えたということは、離職率を５％にとどめたとしても25人辞めていく計算になる。日本の本社では20人強の新卒社員と10人強の中途社員を毎年採用しているが、それだけでは人数はほとんど増えないということでもある。

サイボウズの採用基準は高い。サイボウズ共通の理想に共感し、長期的な視点で活躍を期待できるかどうかを判断しながら採用しているので、狭き門になっている。ここからさらに規模の拡大を目指すのであれば、採用を増やさなければならない。その方法は、申し込んでくれる人を増やすか、採用基準を変更するかのどちらかだ。サイボウズはどちらに行くべきなのだろうか？　多くの企業は申し込みを増やし、できるだけ優秀な人材だけを採用しようとする。しかし、サイボウズが多様性を重視するのであれば、さまざまな人を採用できるようにするほうが自然かもしれない。

また、そもそも増やすべきなのだろうか、という議論もある。多様性を重んじる組織の適正規模はどれくらいなのだろうか。この点については、社員の間でも意見が分かれており、私自身、意思決定できていない。

また、グローバル化が進みつつあり、社内の多様性がさらに拡大している。２０１５年3月現在、中国人の従業員は約70名、ベトナム人は約30名、アメリカ人はまだ４名。基本的には現地で現地出身のメンバーを採用する方針である。すでにベトナムには日本人を１人も置かずに運用している。

グローバル化によって、言語の壁、時差の壁、文化の壁が生まれている。社員は、通訳するメンバーを介し、日本語、英語、中国語などを使い分けながらコミュニケーションをしているが、細かいニュアンスを伝えるのは難しい。また、時差があるので会議の時間を合わせることも制限される。文化的な違いもあるので、仕事の優先度や締切の柔軟性についても、１つひとつ確認しながら進めなければならない。

ここからいわゆるグローバル企業に向かっていくために、英語を社内公用語にするべきだろうか。それとも、言語の自由を認めたまま進んでいけるのだろうか。多様性を重視したグローバル企業のあり方を模索している。

おわりに——これからのサイボウズ

この本を読んで、みなさんは何を考えただろうか。「こんなやり方は我が社では通用しない。サイボウズのような会社にしか当てはまらない」と結論付けた人も多いかもしれない。しかし、現実を見てほしい。昨今、組織では多様性を受け入れることが必須になっている。以前のように、全員がフルタイムで働ける社会ではない。子育ても介護も受け入れなければ働き手の数を維持できない。また、性別も男性や女性だけでなく、ＬＧＢＴ（性的マイノリティ）を考慮するのが一般的になってきた。同一化した金太郎飴のような組織からイノベーションは生まれないと気付いた大企業は、無理矢理社内にダイバーシティを作り出そうとしている。多様化は21世紀の人類にとって自然な流れであり、この流れに乗るのであれば、本書で記した組織マネジメントの手法はどの組織にでも応用できる。

この本は、サイボウズの社内で実験してきた多様化のノウハウを、他の組織で再利用できるようにまとめたものだ。今まで数多くの成功と失敗を繰り返してきた。サイボウズのメンバーは今なおチャレンジを続けている。この場を借りて感謝したい。また、第４章

「多様性に対応した人事制度」を執筆するにあたっては、コーポレートブランディング部の渡辺清美の協力を得た。サイボウズのさまざまな人事制度を制定の経緯から正確にまとめてくれたことに感謝したい。彼女は私以上のサイボウズ・マスターだ。さらに、本書はサイボウズを社外から客観的に見て編集する必要があった。私の主観的過ぎる文章を、より多くの人に届けられる形にしてくれたダイヤモンド社のみなさんに感謝したい。

そして、本書は私の進化なくして書くことはできなかった。単なる仕事バカだった私が視野を広げて社会のことを考えられるようになったのは、妻と3人の子供たちのおかげだ。刺激的な人生を共に歩んでくれることに感謝したい。

最後に、今後の抱負を語ってみたい。

我々が定めた共通の理想は「チームワークあふれる社会を創る」ことである。壮大なテーマであるが、必ずやり遂げる覚悟だ。この理想を決めてからというもの、「チームワークあふれる社会」とはどのような社会なのか、繰り返し想像を巡らせてきた。「チームワーク」とは使い古された言葉であるが、まだ現代は「チームワークあふれる社会」ではないようだ。

私は子供のころ、チームワークについて教えられた記憶がない。「仲良くしなさい」と言われたことはあるが、「共通のビジョンを持って役割分担しなさい」と言われたことはない。学校のテストは常に1人で解いてきた。「僕は得意な物理をやるから、君は漢文をやってくれ」とはさせてもらえなかった。「僕が難しい問題を解くから、君は簡単な問題をやってくれ」ともできなかった。しかし、社会人になると、「僕は開発をするから、君は営業をやってくれ」「給料が高い人は難しい問題解決に取り組め」が当たり前である。1人1人の強みに合わせて仕事を役割分担することがチームワークの基本だ。それは差別でも区別でもない。チーム共通の理想を実現するためのフォーメーションである。

我々は長い間、個人戦に慣らされ、チームワーク・リテラシーが低いまま大人になっていく。社会人になると新たな個人戦が始まる。学生時代にはテストの点数で競っていたのが、社会人では役職や年俸の金額で競う出世レースが待っている。競うことが悪いわけではない。競いたくもない共通種目に駆り出されるから楽しめないのだ。もっと個性的でいい。そして団体戦をしたい。1人1人の多様な個性を活かした団体戦。それがチームワークあふれる社会だ。

ある顧客から「チームワークとは何か」を考えさせられることがあった。障がい児の在宅リハビリに取り組むこの企業では、子供の家を訪問した作業療法士が、リハビリ状況の報告書を写真付きでクラウドに書き込む。この報告書は、子供の親や遠隔に住む祖父母にも共有され、互いに気になることについて意見交換が行なわれていた。社長はこうおっしゃった。「子供の幸せは、我々だけではなく親や祖父母にとっても共通の理想。協力者はすべてチームのメンバーです」。

共通の理想が存在するところにチームは生まれる。そして、顧客ですらチームのメンバーとなりうる。

企業であってもチームであるとは限らない。ビジョンを失った企業はもはやチームではない。チームとは、ビジョンに共感するメンバーがタスクを実行する（＝ワークする）集団だ。このように社会をとらえ直したときに、今までとはまったく違う社会像が浮かんでくる。

チーム医療、チーム介護、チーム農業、チーム製造、チーム観光、チーム建設、チームＩＴ。すべての産業が企業を超えたビジョンによって再構成される。「チーム」という発想によって進化する。中心にあるのは、心を動かすビジョンだ。あの人を助けたい、より優れた製品を創りたい、顧客に感動的な体験を提供したい、誰でも買えるサービスを生み出したい。心を動かす強い想いに人は集まり、個性を活かした役割分担によって実現に向かう。チームワーク社会は、想いと共感に基づく社会である。

また、チームワーク社会は、幸福度の高い社会である。人間は、他者に貢献することや、感謝の念を抱くことによって強い幸福感を得る。チームワークは絶好の機会だ。チームに参加することは、集団のビジョン実現に貢献し、メンバー同士が感謝し合うことにつながる。個人戦が中心だった時代には味わえなかった幸福感を、多くの人が手に入れることができる。チームワークを通じた貢献と感謝によって、我々はより幸福に生きられるようになる。

また、チームワーク社会は、社会的弱者が救われる社会である。弱さも個性である。チームという場所は、あらゆる個性を活かす舞台となる。身体的あるいは精神的障がい、さまざまなマイノリティ要素を持った人たちが、より多くのチームワーク活動に参加できるようになる。その個性を活かしたさまざまな形での貢献と、さまざまな形での感謝によって、より多くの人が幸福感を得られるようになるだろう。人類は、もっと協力し合える。もっと個性を尊重し合える。これからチームワーク社会を創るのだ。

私は、サイボウズというチームを通じて、その変化を引き起こしていきたい。チームワーク社会はこれから始まる。グループウェアはチームワーク社会のインフラとなる。これから社会に発生する無数のチームワークを支えていくことを改めて決意し、筆をおきたい。

[著者]
青野慶久（あおの・よしひさ）

1971年生まれ。愛媛県今治市出身。大阪大学工学部情報システム工学科卒業後、松下電工（現パナソニック）を経て、1997年8月愛媛県松山市でサイボウズを設立。2005年4月代表取締役社長に就任（現任）。社内のワークスタイル変革を推進し離職率を6分の1に低減するとともに、3児の父として3度の育児休暇を取得。また2011年から事業のクラウド化を進め、2015年11月時点で有料契約社は12,000社を超える。総務省ワークスタイル変革プロジェクトの外部アドバイザーやCSAJ（一般社団法人コンピュータソフトウェア協会）の副会長を務める。著書に『ちょいデキ！』（文春新書）がある。

チームのことだけ、考えた。
サイボウズはどのようにして
「100人100通り」の働き方ができる会社になったか

2015年12月17日　第1刷発行

著　者 ——— 青野慶久
発行所 ——— ダイヤモンド社
〒150-8409　東京都渋谷区神宮前6-12-17
http://www.diamond.co.jp/
電話／03･5778･7236（編集）　03･5778･7240（販売）

装　丁 ——— 小口翔平、三森健太（tobufune）
校　正 ——— 加藤義廣（小柳商店）、鷗来堂
本文デザイン・DTP — 新田由起子（ムーブ）
装丁写真 ——— 疋田千里
製作進行 ——— ダイヤモンド・グラフィック社
印　刷 ——— 勇進印刷（本文）・加藤文明社（カバー）
製　本 ——— 川島製本所
編集担当 ——— 横田大樹

ISBN 978-4-478-06841-0

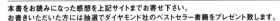